제발 좀 성장하라!

For God's Sake, GROW UP!
by David Ravenhill

Copyright ⓒ 1997 by Destiny Image Publishers

Published by Destiny Image
P.O. Box 310, Shippensburg, PA 17257-0310

Korean translation Copyright ⓒ 2010 by Pure Nard
2F 774-31, Yeoksam 2dong, Gangnam-gu, Seoul, Korea

The Korean edition is published by arrangement with Destiny Image.
All rights reserved.

본 저작물의 한국어판 저작권은 Destiny Image와의 독점 계약으로 한국어 판권은 '순전한 나드'가 소유합니다.
저작권자의 허락 없이 이 책의 일부 또는 전체를 무단 복제, 전재, 발췌하면 저작권법에 의해 처벌을 받습니다.

제발 좀 성장하라!

초판발행 | 2010년 11월 23일

지은이 | 데이비드 레이븐힐
옮긴이 | 하영화

펴낸이 | 허철
편집 | 송혜숙
디자인 | 오순영
인쇄소 | 고려문화사

펴낸곳 | 도서출판 순전한 나드
등록번호 | 제2010-000128
주소 | 서울 강남구 역삼2동 774-31 2층
도서문의 | 02) 574-6702 / 010-6214-9129
편집실 | 02) 574-9702
팩스 | 02) 574-9704
홈페이지 | www.purenard.co.kr

ISBN 978-89-6237-079-9   03230

제발 좀 성장하라!

| 데이비드 레이븐힐 지음 |

헌 사

지난 33년 동안 결혼 생활과 사역에서 사랑과 충성으로 나를 지지해준 소중한 아내 낸시에게 이 책을 바칩니다. 나와 함께 하나님을 섬기면서 느낀 그 기쁨과 고난을 그녀는 잘 알고 있습니다. 우리는 사역 때문에 삶의 터전을 무수히 옮겨 다녀야 했습니다. 오랫동안 여러 다른 나라에서도 살았습니다. 이사를 할 때마다 모든 환경이 달라졌지만 아내는 기꺼이 따라주었고 매번 새 집을 가꾸어주었습니다. "여보, 고마워요. 당신을 사랑한다오."

우리의 훌륭한 세 딸 리사, 티나, 데브라에게 이 책을 바칩니다. "너희들이 없었다면 우리의 삶은 지금과 같지 않았을 거야. 말로 다 표현할 수 없을 만큼 너희를 사랑한단다." 티나의 남편인 사위 조지 레닌거와 두 손자 미카와 릴리에게. "애들아, 우리 가족을 풍성하게 해주어서 고맙단다. 너희는 정말 대단한 녀석들이야."

마지막으로 부모님께 이 책을 바칩니다. 믿음의 유산은 아무리 많은 돈으로라도 살 수가 없습니다. "명성은 부요보다 낫다"라는 격언이 있습니다. 내게 경건한 가정에서 자라는 특권을 주신 하나님께 얼마나 감사한지 모릅니다. 나의 어머니는 하루도 집을 비우지 않으셨고 온 힘을 다해 사랑하는 가족들을 섬기셨습니다. 그녀의 이름도 여기에 걸맞게 마르다였습니다. 아버지 레너드는 지금 그가 예배하고 섬겼던 주님 곁에 있습니다. 아버지가 70여 년의 사역을 마치고 87세의 나이로 침상에 누워 죽음을 앞두고 계실 때, 나는 어머니와 함께 병실에서 아버지 곁을 지켰습니다. 그때 아버지의 모범적인 삶을 회상하며 작은 종이에 아래의 찬사를 기록했죠.

경건한 아버지께 바칩니다

부흥의 불을 보기 위하여
인생을 바친 한 남자를 압니다.
이 한 가지 갈망이 이루어지도록
그는 밤낮으로 기도했습니다.

그는 한 가지 집념을 가졌습니다.
흠 없는 순결함으로 단장하여
신랑 곁으로 데리고 갈
영화로운 신부를 보는 것.

그는 목회 임기 중에
권력에는 거의 관심이 없었습니다.

오히려 골방을 사랑했죠.
그는 그곳에 하나님이 함께하심을 알았습니다.

다른 이들이 사람들의 찬사를 받으려
행운과 명성을 얻기 위해 애쓰는 동안,
그는 단 한 가지 열망을 가졌을 뿐입니다.
바로 그의 주인의 이름을 높이는 것.

87년 동안
그는 오직 영원을 위해 살았습니다.
믿음과 지혜,
그리고 참된 겸손의 사람.

언젠가 하나님의 심판대 앞에
서야만 한다는 것을 알았기에
그는 상을 받기 위해 달음질하였습니다.
그의 사명을 완수하는 것.

그가 남긴 재산은
주식이나 황금이 아닙니다.
아직 알려지지 않았을 뿐
변화되고 도전받은 생명들입니다.

이 위대한 하나님의 사람을 안다는 것,

그리고 그를 아빠로 두는 것,
내게 이것보다
더 큰 특권은 없습니다.

시편 기자가 말했습니다. "내게 줄로 재어준 구역은 아름다운 곳에 있음이여 나의 기업이 실로 아름답도다"(시 16:6). 오직 하나님께 영광이 있을지어다.

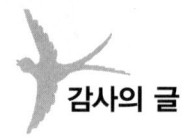# 감사의 글

내가 이 완성된 원고를 가지고 나의 수많은 영어 선생님 중 한 사람에게 보여드렸을 때 그 선생님이 자네의 참된 재능을 알아보지 못한 중대한 실수를 저질렀다고 말해준다면 얼마나 좋을까.

하지만 불행히도 이 책은 나의 능력이나 재능의 산물이 아닙니다. 보이지 않는 곳에서 교정하고 수정하고, 곳곳에서 초안의 대부분을 다시 쓰느라 오랫동안 수고한 이름 없는 영웅들에게 공이 있습니다.

나는 그 누구보다도 어머니께 빚을 졌습니다. 어머니는 내가 고등학생 때 밤이면 밤마다 수고를 마다치 않고 내가 계속 전진할 수 있도록 곁에서 용기를 주셨습니다. 나는 하나님께서는 내게 학문적인 분야에서 총명을 주시지 않았다고 믿으며 그만 포기하고 싶었는데도 말입니다.

그 시절 이후 하나님은 감사하게도 나의 아내 낸시를 보내주셨습니다. 그녀에게는 아주 작은 문법적인 실수라도 찾아낼 수 있는 별난 능력이 있습니다. 얼마나 놀라운 은사이고 값진 보물인지요!

나는 1987년 뉴질랜드의 그리스도 교회에서 이 책을 쓰기 시작했는데, 초고의 대부분을 컴퓨터로 옮겨준 앨런과 앤 퍼거슨의 도움에 감사드립니다. 당시 사용된 장비와 유사한 것을 나는 아직 한 번도 보지 못했는데, 그것은 오늘날까지도 신비로 남아있습니다.

원고를 편집하느라 귀중한 시간을 들여 일한 브래드와 에스텔 잭슨에게도 심심한 감사를 전하고 싶습니다. 마지막 심판 날에 그 사랑의 수고에 대해 보답을 받을 것입니다.

또한 상당한 부분에서 초고의 개작을 맡아준 스티브 램버트에게도 감사합니다. 스티브는 현재 곧 출간될 여러 책의 작업을 진행 중이어서 그의 천부적인 재능이 조만간 크리스천 사회에 두각을 나타내게 될 것입니다.

뛰어난 문장력과 비범한 독창력을 지닌 주디 도일에게 감사합니다. 그녀의 도움이 없었더라면 분명 이 책은 세상에 나오지 못했을 것입니다.

(지금은 하늘의 집에 계시는) 나의 사랑하는 아버지께 사랑과 감사를 전합니다. 아버지는 지난 50년이 넘도록 나를 위해 신실하게 기도해주셨습니다. 아버지께서 나를 위해 중보하신 시간들은 영원의 세계에서 그 응답으로 드러날 것입니다. 이 땅에서 경건한 삶을 본받을 수 있는 것보다 더 큰 상급은 없습니다. "아빠, 고마워요."

마지막으로 이 약한 자를 택하여 그분과 함께하는 일꾼으로 삼아주신 주님께 감사를 고백합니다. 그분과 함께, 그분을 위해, 그분께 예배하고 섬기는 이것보다 더 높은 부르심은 없고 더 위대한 특권도 없습니다. 오직 주님께만 모든 영광이 있나이다!

목차

들어가며 _12

서문 _17

1부 견고한 토대 놓기

1장 어린아이의 일을 버리라 _23

2장 십자가의 목적을 이해하기 _41

3장 우리 세대에서 하나님의 목적을 섬기라 _63

4장 하나님과의 친밀함을 갈망하라 _83

5장 하나님을 경외하는 법을 배우라 _93

6장 주님의 길을 예비하라 _113

2부 사역을 위한 준비

7장 사역의 탄생 _125

8장 리더십을 위한 교훈 _133

9장 성숙의 길에 놓인 세 가지 중대한 사안 _147

10장 왕들을 위한 가르침 _161

11장 제사장들을 위한 가르침 _185

3부 비전을 성취하기

12장 중보 사역 _203

13장 송축과 선포 _219

14장 성장할 시간! _225

 **들어가며**

우리는 다음을 인정해야 합니다. 만약 교회를 항공사에 비유한다면, 많은 고객이 우리 비행기 이용을 꺼릴 것입니다. 우리의 기준은 낮습니다. 우리의 안전 기록은 참담합니다. 우리는 사람들이 자격을 갖추었든 아니든 거의 아무나 조종석에 앉힙니다.

이들 '조종사'들은 비행기를 억지로 몰고 가다가 가까스로 물 위에서 멈추고 맙니다. 불행히도 가장 고통받는 사람들은 승객입니다. 일부는 소소한 문제들을 안고 간신히 빠져나옵니다. 어떤 이들은 다시는 회복될 수 없는 치명상을 입는데 그 희생자 명부는 계속 늘어갑니다.

부름 받고, 본받고, 임명받고

디모데전서 3장에서 지도자의 자격 중 감독들과 집사들, 그리고 그 가족에 대해 기록된 것을 보면, 한 사람이 '부르심'만 가지고 비행기 조종을 할 수는 없는 것 같습니다. 물론 신성한 부르심과 하나님께서 주시는 은사들이 없어서는 안 되겠지만 그것만으로는 충분하지 않습니다. 은사들과 부르심으로 일으킨 사역을 우리의 미숙함과 미개발된 성품으로 무너트릴 수 있습니다. 성품을 갖추지 않으면 결국 자폭하고 마는 것입니다.

영적 지도자들이 스스로 성령으로 충만하다고 주장하는데도 불구하고, 결혼 생활에서의 불성실과 재정적인 오용, 혹은 다른 윤리적인 실패로 인해 자리에서 물러났다는 소문을 너무나도 자주 듣습니다. 왜 그렇습니까? 오늘날 그리스도의 몸 된 교회의 중대한 실수 중 하나는 경건한 성품을 희생시키면서까지 천부적인 재능과 영적 은사들을 지나치게 칭송해온 것입니다.

저는 '성품' character을 그리스도의 형상에 부합한다는 뜻으로 말하고 있습니다. 아시다시피 헬라어 charakter는 어원으로 보면 die라는 단어에서 파생했는데, 이는 '형상, 동전, 사본, 혹은 닮음'의 의미가 있습니다. 하나님은 친히 선택하신 자들에게 각별하십니다. 그분은 성숙하고 아름다운 성품의 남성들과 여성들을 찾고 계십니다.

하나님은 먼저 부르심calling으로 시작하십니다. "와서, 나를 따르라…" 그런 다음 계속해서 그분을 본받게conforming 하십니다. "…그리고 내가 너를 만들 것이다." 그리고 임명하심commissioning으로 마무리하십니다. "너는 가라." 그런데 많은 이가 부르심을 임명하심으로 오해합니다.

예를 들면 모세는 젊었을 때에 하나님의 부르심을 알았습니다. "그는 그의 형제들이 하나님께서 자기의 손을 통하여 구원해주시는 것을 깨달으리라고 생각하였으나 그들이 깨닫지 못하였더라"(행 7:25). 모세는 그 후 40년이 지나고 나서야 임명을 받습니다. 그 40년은 하나님께서 모세를 '본받게' 하시는 기간이었습니다.

이와 비슷하게 예수님도 어린 소년이었을 때 그분의 부르심이 하나님 아버지의 일에 관한 것임을 알았습니다. 이후 수년간 예수님은 하나님과 사람에게 은총을 받으며 지혜와 키가 자라갔습니다. 그분의 '본받기' 시간이었던 것입니다. 그리고 서른 살 때 예수님은 아버지로부터 임명을 받습니다. 즉, 하나님의 영이 임하여 예수님 위에 머물렀습니다.

부르심은 충분하지 않습니다. 임명하심도 충분하지 않습니다. 우리는 반드시 그리스도의 형상을 본받아야 합니다.

우리 하늘 아버지의 목표는 다음과 같습니다.

> …우리가 다 하나님의 아들을 믿는 것과 아는 일에 하나가 되어 온전한 사람을 이루어 그리스도의 장성한 분량이 충만한 데까지 이르리니 이는 우리가 **이제부터 어린아이가 되지 아니하여** 사람의 속임수와 간사한 유혹에 빠져 온갖 교훈의 풍조에 밀려 요동하지 않게 하려 함이라 오직 사랑 안에서 참된 것을 하여 범사에 그에게까지 **자랄지라** 그는 머리니 곧 그리스도라 그에게서 온 몸이 각 마디를 통하여 도움을 받음으로 연결되고 결합되어 각 지체의 분량대로 역사하여 그 몸을 자라게 하며 사랑 안에서 스스로 세우느니라(엡 4:13-16, 굵은 글씨는 저자 강조)

그리스도의 형상을 본받지도 않고 자라지도 않는다면, 주님을 위한 우리의 삶과 수고들은 영원의 빛 속에서 불완전하고 실망스럽게 드러날 것입니다.

오늘날 교회가 직면하는 핵심 사안

이 책은 그리스도인의 성숙에 관한 완벽하고 종합적인 안내서가 아닙니다. 엄밀히 말해서 성직자와 사역을 하도록 부름 받은 모든 성도를 위한 책도 아닙니다. 대신에 저는 전체로서의 교회와 각 성도가 오늘날 직면하고 있는 핵심 사안에 초점을 맞추어 이 책을 3부로 나눴습니다.

1부 '견고한 토대 놓기'는 하나님 안에서의 성장과 하나님의 목적을 이해하고 섬기기, 하나님을 향한 갈망을 키우기, 주님을 경외하기, 그리고 그분의 성품을 본받는 것에 관한 가르침을 제공합니다.

2부 '사역을 위한 준비'에서는 성도들이 사역에 나서기 위해 온전히 구비되기 전에 그들의 삶에 적용할 필요가 있는 대단히 중대한 몇 가지 원리를 면밀히 살폈습니다. 성경 말씀은 지도자들에게 더 많은 의무가 있을 뿐만 아니라 더 많은 책임도 져야 한다고 가르치기 때문입니다. 그러므로 여기서는 모세와 여호수아, 아브라함, 다윗 같은 지도자들의 삶에서 교훈을 모아 지도자들의 도덕적·영적 요건들을 검토합니다. 또 왕과 제사장으로서의 특권과 책임을 살펴볼 것입니다.

마지막 '비전을 성취하기'에서는 중보와 송축, 선포를 통해 우리가 어떻게 하나님의 왕국의 제사장이 드리는 제사와 예배에 모두 참여하면서 성숙한 성도로서 기능하는지에 대해 서술합니다. 여기서는 영계에서 진행 중인 선악 간의 전투를 직면하고 영적 전쟁을 수행할 필요성을 발견할 수 있습니다.

우리의 도전

지금은 심각한 때입니다. 하나님의 교회는 성숙해야만 합니다. 반드시 준비되고 구비되어야 합니다. 주님은 벌써 성도들에게 성령의 학교에 입학하라는 소집령을 보내고 계십니다. 우리의 어린아이 시절은 끝났습니다. 지금은 그분의 발아래로 우리의 처소를 옮겨 마음의 문을 열고, "주님, 말씀하소서. 종이 듣겠나이다"라고 말해야 할 때입니다. 자라야 할 시간입니다.

 서문

　오늘날 많은 그리스도인은 비난, 구원, 침체의 세 단계를 겪는 것처럼 보입니다.
　유년기는 즐겁습니다. 그러나 영구적인 유년기는 한탄스럽습니다. 영구적인 영적 유아는 하나님을 당황케 합니다. 하나님은 우리가 영적인 것들 안에서 풍성함을 누리기를 원하십니다. 그리스도 안에서 성장하지 않는다면 유치하고, 편협하고, 항상 관심받기를 원하며, 늘 명랑하기만을 바라기 쉽습니다. 사우스이스트에 있는 어느 교회가 몇 년 동안 제게 교회 회보를 보내주었는데 참 애처로웠습니다. 회보에 소개된 교회의 '전체 프로그램'은 '그리스도인의 활동'으로 간주되었습니다. 그러나 주중 강좌는 대다수 지역 강좌도 멀리할 것 같은 도자기 만들기, 그림 그리기, 스케이트 타기 등등의 수많은 유아적인 것들이었습니다. 이러한 교회는 결단코 마귀의 위험 목록에 오르지 않을 것입니다.
　영적 전쟁을 아는 교회 단체들은 소시지 굽기나 그리스도의 수난극조차도 하지 않습니다. '실제' 전쟁이 벌어지고 있기 때문입니다. 저는 일전에 우리 성도들을 '교만한 자칭 성도들의 떼거리'라고 언급한 바 있습니다. 우리는 '믿다가' 귀찮은 지경에 이르면 관둬버립니다.
　우리는 영감과 경험으로 욥이 "사람은 고생을 위하여 났으니 불꽃이 위로 날아가는 것 같으니라"고 한 말이 옳다는 것을 압니다. 마찬가지로 사람은 선택과 결정을 위해 태어났습니다.

지금 결정하세요! "오늘 너는 선택하라." 우리는 성경 본문에서 이 문장이 사용된 상황을 잘 알고 있습니다. 여호수아는 이스라엘 민족과 극적으로 대면하고 있었습니다. 그들은 홍수 이전에 선조가 섬기던 우상들이나 당시 살고 있던 땅의 아모리 족속이 섬기는 지역 신들을 섬길 수 있었습니다. 아니면 "나와 내 집은 여호와를 섬기겠노라"고 말하는 여호수아와 함께 굳건하게 서있을 수도 있었습니다.

여기서는 "오늘-선택하라"는 부분에 중점을 둘 것입니다. 저는 수년 전에, 어린양 예수님께서 어디로 가시든지 그분을 따르겠노라고 선택했습니다. 하지만 저는 '오늘'도 '다른 신들'을 따르라는 도전을 받고 있습니다. 허영이 다른 신의 하나일 수 있습니다. 경쟁이 또 다른 우상일지도 모릅니다. 제가 만일 '앞에 있는 영원의 가치들'을 따라 살지 않는다면 게으름이 저를 다스릴 수 있습니다. 탐심은 속여서 빼앗는 우상인데, 이는 대개 '성공'이나 '다 되어간다'는 가면을 쓴 채 다른 많은 이름으로 불립니다. 제가 이 사기꾼의 가면을 벗기지 않는다면, 이들은 저의 오늘을 훔쳐갈 것입니다. 오늘이라는 날은 결코 다시 오지 않습니다. 지나간 날들이나 부분적으로 닳아빠진 날들을 살 수 있는 곳은 없습니다. 날들은 좋든 나쁘든 왔다가 갑니다. 내가 내 운명의 주인이며, 내 혼의 선장임을 알아야 합니다.

제가 시간의 노예일지는 모르나, 제 영을 사로잡은 자는 없었습니다. 저는 감옥에 감금될 수도 있고 자유로울 수도 있습니다. 절름발이일 수도 있고, 다른 이들은 걸려 넘어지는 장애물을 뛰어넘는 영적 운동선수일 수도 있습니다. 저는 오늘 기도하기로 선택할 수 있고 기도하지 않기로 선택할 수도 있습니다. 금식을 하거나 하지 않기로, 또 다른 이들에게 관대하게 말하거나 비판적으로 말하기로 선택할 수 있습니다. 오늘 저는 형제의 평판에 금이 간 것을 회복시킬 수도 있고 아니면 아예 더욱 더럽힐 수도 있습니다. 저는 오늘 주님의 복된 발 앞에 진작 드렸어야 할 경배와 찬양을 드릴 수 있습니다. 어제의 선택은 지나갔고, 내일의 선택은 아직 이르지 않았습니다. 바로 오늘이 선택의 날입니다.

레너드 레이븐힐
Leonard Ravenhill

『Revival God's Way』(Bethany House, 1983) 중
2장 '영적 유아에서 벗어나 성장하라'에서 허락을 받아 발췌함
- 우리나라에서는 『하나님의 방법으로 부흥하라』(규장, 2005)는
제목으로 번역 출간.

1부
...
견고한 토대 놓기

FOR GOD'S SAKE GROW UP!

어린아이의 일을 버리라 1장

중년의 그리스도인 부부 헬렌Helen과 길버트 도일Gilbert Doyle은 세 명의 친자식을 키우면서도 지금까지 이미 오십여 명의 수양 자녀를 집으로 데려왔습니다. 어느 날 한 사회 복지사가 전화를 걸어 어려운 요청을 했을 때도 그들은 기쁨으로 대했습니다. 복지사는 이렇게 말했습니다. "조산아를 좀 돌봐주실 수 있겠어요? 이 사내아이의 엄마는 열여섯 살인데 임신 6개월 만에 아이를 낳았답니다. 출생 당시 아이의 몸무게는 겨우 750그램밖에 안 되었고요. 지금은 1,500그램까지 자랐는데, 의사는 아이가 인큐베이터에서 나와 사랑의 품에 안길 필요가 있다고 하네요. 어때요? 그를 데려가시겠어요?"

머지않아 자그마한 들창코에 아름다운 푸른 눈을 가진 작은 아이가 이들 부부의 가족이 되었습니다. 처음 몇 주일 동안, 농부인 길버트가 밭에서 일을 하고 있으면 헬렌이 집에서 아기를 먹이고 달래며 아기를 위해 수없이 기도했습니다. 길버트가 돌아오면 아이를 넘겨받았고, 헬렌은 집안일로 눈을 돌려 밀린 빨래며 요리를 했습니다.

아이가 집에 온 지 6주쯤 된 어느 날 아침, 아기의 눈이 돌아가면서 "으, 으, 으" 이상한 소리를 냈습니다. 그러고는 기절하여 2, 3분간 의식을 잃었습니다. 헬렌은 허둥지둥 의사에게 전화했습니다. 그리고 한 시간도 채 안 되어 병원으로 달려가서 의사를 만났습니다.

"의사 선생님." 헬렌이 물었습니다. "아이를 검진하실 때 눈을 좀 봐주실래요? 뭔가가 꽤 잘못된 것 같아요."

몇 분 후에 의사는 아이를 헬렌의 팔에 안겨주며 웃으면서 말했습니다. "아이의 눈은 괜찮습니다. 다른 잘못된 것도 찾지 못했고요. 간질이 아니기를 바랄 뿐이에요."

4주 후에 아이가 또 다시 기절하자 의사는 아이를 근교 큰 도시의 소아과로 데려가라고 권했습니다.

소아과 의사가 아이를 전반적으로 살펴보는 동안에 헬렌은 아이의 눈을 확인해달라고 요청했습니다.

그러자 의사가 물었습니다. "무엇 때문에 아이의 눈에 이상이 있다고 생각하시나요? 두 눈 모두 확실히 정상으로 보이는데요. 그렇지 않나요?"

"네. 하지만 뭔가가 바르지 않아요, 선생님. 저를 위해 아이의 눈이 정말로 괜찮은지 자세히 검사해주실래요?"

아이의 눈에서는 아주 작은 빛만이 반짝였고, 의사는 아무 말 없이 벨을 눌러 다른 내과 의사를 불렀습니다. 그리고는 불안해하는 이 부부에게 다른 검사를 진행할 동안 잠시 나가 있으라고 했습니다.

약 15분 정도 지났을 때 의사가 헬렌과 길버트를 실험실로 불렀습니다. "당신이 옳았어요." 의사는 한숨을 쉬며 말했습니다. "이 아기는 맹인이에요. 제가 생각하는 병이 아니기를 바랄 뿐이에요. 추가 테스트를 위해서 아이를 3, 4일 더 병원에 있게 하는 게 좋겠어요. 아이가 누는 오줌을 모두 체크하고 싶군요."

이틀 후에 길버트는 병원에서 회진하던 의사와 마주쳤습니다. "뭐가 잘못됐는지 말씀해 주실래요? 아이의 병명이 뭐죠?"

"사실 저는 당신에게 검사 결과를 알려주러 가던 길이었어요. 유감스럽지만 검사 결과 아이는 로웨 증후군Lowe's syndrome으로 확인됐습니다. 발육 지연과 지능 발달 장애, 긴장 감퇴(근육의 긴장 결핍), 선천적 좌우 백내장, 그리고 녹내장을 일으키는 남자의 유전 이상입니다. 아이의 신장 결함은 여러 아미노산과 소금의 순환을 방해합니다."

부부의 멍한 표정을 보고 의사는 잠깐 말을 멈췄습니다. "다시 말해 신장이 원래 기능과 반대로 작용한다는 것인데, 말 그대로 좋은 것을 몸 밖으로 내보내고 나쁜 것을 인체 조직으로 되돌림으로써 몸을 독살시키는 거죠."

의사는 다시 쉬었다가 마치 말을 잇기 위해서 용기가 필요하기라도 한 듯 몸을 구부려 아이의 부드러운 볼을 어루만졌습니다. 그리고 목청을 가다듬고서 말을 이었습니다.

"이런 상태가 이미 아이의 눈을 거의 멀게 만들었습니다. 이는 결국 뇌에 영향을 주어 발달 장애를 일으키며, 근육에도 영향을 줄 겁니다. 아이가 음식물을 삼키거나 팔다리를 들어 올리는 것이 점점 더 어려워질 거예요. 아이의 수명은 한계가 있고, 갓난아기나 걸음마쟁이 정도의 크기로밖에 자라지 못할 것입니다. 정말 유감입니다."

헬렌과 길버트는 아이를 집으로 데려왔습니다. 한 달 한 달 지날 때마다 아이는 더 많은 돌봄을 필요로 했고 결국에는 그들이 항상 곁에 있어야 했습니다. 헬렌이나 길버트 둘 중 한 사람은 낮이든 밤이든 내내 아이를 붙들고 있어야 했습니다. 아이는 손발을 거의 움직일 수 없었고 나중에는 전혀 들어 올릴 수도 없었습니다. 그가 소화할 수 있는 것이라고는 우유와 물, 주스가 전부였습니다. 그마저도 한 번에 30그램 정도밖에 마실 수가 없었고, 한 모금 삼킨 후에는 쉬어야 했습니다.

마지막 일주일 동안에는 아기의 근육 상태가 극도로 악화되었고, 호흡도 폐의 상층부로 겨우 헐떡거릴 뿐이었고, 액체를 빨아들일 수가 없었기 때문에 점안기로 우유를 먹여주어야 했습니다. 7개월 된 아이의 몸무게는 겨우 3킬로그램밖에 나가지 않았습니다. 그리고 아이는 폐렴에 걸렸습니다.

헬렌이 지켜보는 가운데에 아이는 병원 인큐베이터 속에서 마지막 숨을 한 번 헐떡인 후 호흡을 멈췄습니다.

부부는 병원 인사과의 허락을 받아 아기용품을 챙기고 아이를 담요에 쌌습니다. 길버트가 차를 몰고서 35마일 떨어진 그들의 시골 마을로 되돌아오는 동안, 헬렌은 아이를 안고 흐느끼며 조용히 기도했습니다.

차가 장례식장 주차장에 들어선 후 길버트는 헬렌의 두 손을 맞잡고 속삭였습니다. "다 왔어요, 헬렌. 안으로 데리고 들어갑시다." 햇볕에 그을린 이 투박한 농부는 헬렌과 함께 장례 절차를 밟는 동안 아기를 내내 품에 안고 있었습니다. 장의사에게 부드럽게 아이를 건네고 나서는 뒤를 돌아 차까지 내달려왔습니다.

저는 이 이야기를 하면서 눈물을 흘리지 않을 수가 없습니다. 그 한 가지 이유는 제가 이 부부의 장성한 양자들을 알고 있으며 그들과 우정의 관계를 맺고 있기 때문입니다. 이 이야기가 저를 이토록 깊이 감동시키는 또 다른 이유는 결코 성인으로 성장할 수 없는 한 작은 아이에 대해 주름진 농부가 느꼈던 섬세한 사랑과 가눌 수 없는 비탄 때문입니다.

어쩐지 이 농부의 흐느낌과 눈물 속에서 저는 하나님의 비탄을 봅니다. 이제까지 마땅히 영적으로 성숙한 남자와 여자로 자랐어야 했지만, 애처롭게도 아직 발육이 안 된 젖먹이로 머물러 있는 수많은 자녀 때문에 눈물을 흘리시는 하나님의 비탄 말입니다. 오, 그 자녀들의 인생을 향한 하나님의 감격적인 계획들을 내려놓을 수밖에 없을 때에 그분은 얼마나 통곡을 하셨을까요. 그 자녀들이 잘 자랐더라면 그분의 이름으로 성취할 수도 있었을 대단한 위업들을 생각해보실 때에 하나님이 느끼실 슬픔은 얼마나 크겠습니까. 또한 사랑하는 자녀들이 하나님을 거의 알지 못하여 그분과의 친밀함과 우정을 놓치고 있는 것에 가슴 아파 하시면서 얼마나 흐느끼시겠습니까.

영적으로 발육이 멈춘 교회

무엇이 몸 된 교회에 이 끔찍한 비극을 초래했습니까? 도대체 무슨 일이 벌어졌습니까?

과거 짧은 기간 동안 우리는 현저한 성령 강림을 경험했습니다. 특히 1960년대와 1970년대에, 하나님께서 베이비-붐 세대 위에 주권적으로 운행하셨고 영혼의 추수를 거두었습니다. 이들 새신자들을 수용하기 위해 수천 개의 교회가 생겨났습니다. 수많은 이가 극적인 변화를 경험했습니다.

교회들은 주일 예배당의 크기를 줄이고 대신에 순수 친교 모임을 위한 활동적인 방들을 더 많이 만들었습니다. 뻣뻣한 종교적 관례들이 즉흥적인 예배로 바뀌었습니다. 치유, 예언과 같은 영적 은사들의 사용이 증가했고, 일부에서는 기도가 부활했습니다.

자녀의 출산에 열심히 참여하는 아버지처럼, 저는 교회 안으로 이 새로운 삶이 출현하는 것을 목격했습니다. 성도들의 새로운 세대가 초자연적으로 태어나는 것을 똑똑히 보며 흥분을 감출 수가 없었습니다.

이 수많은 성도가 완전히 성숙했을 때의 잠재력은 얼마나 대단하겠습니까? 섬김의 일에 구비되고, 믿음에 견고하며, 하나님께 전적으로 의지하고, 고결함으로 채워지고, 하나님과 사람의 길에서 지혜롭다면 말입니다! 하나님을 믿지 않아 타락한 남자 여자들을 변화시키고, 죄의 상처로 곪아터진 나라에 치유를 주는 데에 이들의 영향력이 얼마나 대단했을지 상상할 수도 없습니다. 하나님의 목적을 성취하기 위해 주께서 능력으로 이 땅에 임하시기를 구하며 부르짖는 열렬하고 의로운 세대들의 효과적인 기도에 하나님께서는 크게 감명받으셨을 것입니다.

아기 침대를 빙글빙글 맴돌면서 그 안에서 잠든 자녀에게 흘딱 빠진 아버지처럼, 상냥하고 자원하는 젊은 개종자들이 어린아이의 미성숙함을 벗어던지고 하나님의 길 안에서 견고하게 세워진 강력한 성도들이 되는 날을 기대하며 저는 미소를 멈출 수가 없었습니다. 이들이 성품과 지혜, 하나님을 아는 데에 있어서 자라며 그리스도의 장성한 분량에 이르기까지 성장하는 것을 보는 것이 얼마나 즐거울지 상상하면 가슴이 벅차올랐습니다.

그러나 성숙이 하나님의 운행의 특징이 되지 못했습니다. 총체적으로 교회는 주께서 열방을 변화시키 데 사용하실 수 있는 능력 있는 도구로 세워지지 못했습니다. 성인으로 성장하기는커녕 일부 성도들은 하나님과의 교제에 있어서 유아기나 걸음마쟁이 수준을 결코 벗어나지 못했습니다. 많은 이가 아동기의 이기심이나 청소년기의 까다로운 상태에 고착된 채 머물렀습니다.

교회는 지금 신앙생활을 시작한 성도들, 즉 구원하시는 그리스도를 안다고 고백할 수는 있지만 성장은 멈추어버린 성도들로 가득합니다. 결과적으로 영적으로 발육이 멈춘 교회에 부도덕과 육욕, 세속화, 불균형과 방향성의 결핍이 번졌습니다. 영적 유년기에서부터 벗어나 교회가 자라날 때까지는 이러한 문제들이 계속 일어날 수 있습니다.

저는 지금이야말로 하나님께서 교회를 바른 장소로 데려가시기 위해 지정하신 시간이라고 믿습니다. 유치한 방법들과 하나님 안에서 성장을 저지할 만한 모든 것을 벗어던져야 할 때입니다. 주제넘게 지고 있던 영적 성인들의 몫을 내려놓아야 할 때가 이르렀습니다. 간단히 말해, 지금은 성장할 때입니다.

성도의 삶의 세 단계

우리는 머물러 있으라고 구원받지 않았습니다. 개종이 목표가 아닙니다. 개종은 출입구입니다. 우리는 힘에서 힘으로, 영광에서 영광으로 진보해야 할 운명입니다.

성도들의 삶의 세 단계를 상징하는 그룹이 요한일서 2장 12-14절에 등장합니다. (1) 어린이: 구원을 대표합니다. (2) 청년: 성숙을 대표합니다. (3) 아비: 완성을 대표합니다.

> 자녀들아 내가 너희에게 쓰는 것은 너희 죄가 그의 이름으로 말미암아 사함을 받았음이요 아비들아 내가 너희에게 쓰는 것은 너희가 태초부터 계신 이를 알았음이요 청년들아 내가 너희에게 쓰는 것은 너희가 악한 자를 이기었음이라 아이들아 내가 너희에게 쓴 것은 너희가 아버지를 알았음이요 아비들아 내가 너희에게 쓴 것은 너희가 태초부터 계신 이를 알았음이요 청년들아 내가 너희에게 쓴 것은 너희가 강하고 하나님의 말씀이 너희 안에 거하시며 너희가 흉악한 자를 이기었음이라(요일 2:12-14)

〈어린이들: 구원〉

그리스도인의 삶은 진보하도록 되어있습니다. 개종은 출발 장소이지 멈추는 장소가 아닙니다. 죄가 용서받았음을 아는 것은 놀랍습니다. 옛 것들은 지나갔고 모든 것이 새롭게 되었음을 발견하는 것은 엄청나게 놀라운 일입니다. 우리 안에 거하시는 하나님의 임재의 실재와 우리가 하나님의 신의 성품에 참여하는 자가 되는 것보다 더 뛰어난 것은 아무 것도 없습니다. 히브리서 기자가 이를 "이같이 큰 구원"(히 2:3)이라고 칭한 것은 당연합니다. 그러나 개종은 우리가 그리스도 안에서 경험하게 되는 새로운 삶의 시작에 불과합니다.

영적인 어린이는 자연적인 유아와 마찬가지로 여러모로 부족합니다. 힘과 지혜, 통찰력과 결의가 모자랍니다. 어린이의 세상은 그 자신의 필요와 욕망을 중심으로 돌고 있습니다. 다른 사람들이 그의 웰빙well-being을 맞춰주기 위해 엄청난 시간을 쏟아야만 하는데, 어린이는 거의 끊이지 않고 관심과 돌봄을 요구하기 때문입니다. 베푸는 데는 한계가 있는 반면 요구는 무한정입니다.

바울이 고린도 성도들에게 말했듯이 어린이는 유치한 것들에서 만족을 얻습니다. 슬프게도 오늘날의 교회는 바울 시대처럼 영적인 어린이들로 넘쳐납니다. 이들 대다수는 끊임없이 응석을 받아주고 관심 가져주기를 요구하는 갓난쟁이들처럼 다른 이들의 필요는 거의 상관하지 않고 하나님의 목적도 나 몰라라 합니다.

우리들 대다수는 인간 세계에서도 아동기를 벗어나 청소년으로 성장할 때 어려움을 겪습니다. 신체가 변화되고 생각이 확장됩니다. 관계는 더 복잡해집니다. 책임이 증가합니다. 수많은 개인적인 변화를 겪으면서 이 과정의 몇 년은 인생에서 가장 어려운 시기일 수도 있습니다. 마찬가지로 영적 세계에서도 다음 단계로의 전환을 이루려고 한다면, 어렵고 불편하게 보일지는 모르지만 변화가 진보의 한 부분이 될 것입니다. 어린이로 머물러 있기를 원하지 않는다면 반드시 자원하는 마음으로 옛것들은 떠나보내고 새것을 받아들여야 합니다.

〈청년들: 성숙〉

다음으로 요한은 청년들에게 말합니다. 이들은 유치함을 벗은 자들입니다. 더 이상 '아이들 것'에 만족하지 않고 더 좋은 것이 있음을 깨닫습니다. 미성숙한 상태에 만족하지 않고 하나님의 말씀에 배고파합니다. 성숙의 과정이 진척되면서 그들은 강하고 헌신적이고 튼실하게 됩니다.

성숙은 인생에 문제가 있는지 없는지의 여부로 측정하는 것이 아니라, 문제들을 어떻게 다루는지에 따라서 측정됩니다. 이 두 번째 단계에 진입할 때에 성도들은 그들을 둘러싼 영적 갈등을 깨닫게 됩니다. 아이들이 이 갈등과 꽤 멀리 떨어져있는 반면, 청년들은 이제 일어나 그 갈등을 정복해야 합니다. 이들은 갈등과 환경에 의해 동요되어서는 안 됩니다.

매우 지혜로운 한 여성이 이렇게 말했습니다. "하나님의 사람 중 상당수가 환경에 따라 끊임없이 바뀌는 온도계 같습니다. 하지만 환경에 상관없이 일관되고 지속적인 온도조절기 같은 자들도 있습니다." 하나님은 사람들이 환경을 넘어 일어서서 오직 그분이 공급하시는 힘으로 영속적이고 승리하는 삶을 사는 법을 배우기를 무척 바라십니다.

〈아비들: 완성〉

이제 아비들에게 주목합시다. 저는 가끔 요한이 왜 아비들에 대해서 이토록 짧게 언급했는지 궁금했습니다. 그는 아이들에 대해서는 "너희 죄가 사함 받았다", "너희가 아버지를 알았다"처럼 명확한 설명을 합니다(요일 2:12-13). 청년들에게는 "너희가 악한 자를 이기었다", "너희는 강하고 너희 속에 하나님의 말씀이 거한다"(13-14)라고 했습니다. 그런데 아비들에게는 단지 "너희는 태초부터 계신 이를 알았다"(13-14)라고 말했을 뿐입니다. 아이들에게 "아버지를 알았다"라고 말한 것과 무슨 차이가 있습니까?

아이들은 이해의 한계로 인해 하나님을 단순히 '아버지'로 인식합니다. 하나님의 사랑과 용서, 공급과 보호를 경험하면서 아이들은 이 아버지의 관심을 한껏 받으며 행복해하고 만족합니다. 아버지가 단지 그들의 개인적인 필요들을 만족시키기 위해서 존재하신다고 생각합니다.

그러면 요한이 아비들이 "그분을 안다"고 한 말은 무슨 뜻입니까? 저는 요한이 하나님에 대한 깊은 이해와 계시를 언급하고 있다고 생각합니다. 자녀들이 아버지를 아는 것보다 그 아내가 남편을 훨씬 더 많이 아는 것처럼, 아비들도 영적 자녀들보다 더 깊은 친밀함과 통찰력으로 하나님을 아는 것입니다.

여러분은 요한이 다른 어떤 성경 기자보다도 "태초부터"라는 문구를 더 많이 사용한다는 것을 아십니까? 요한은 그의 첫 번째 편지에서 "태초부터 있는"이라는 문구로 시작합니다(요일 1:1). 그의 복음서도 "태초에 말씀이 계시니라 이 말씀이 하나님과 함께 계셨으니 이 말씀은 곧 하나님이시니라"로 시작됩니다(요 1:1). 그리고 요한은 계시록을 "이제도 계시고 전에도 계셨고 장차 오실 이"라는 말로 시작합니다(계 1:4). 요한이 아비들에 관해 말하고자 하는 바를 이해하기 위한 열쇠가 아마도 여기에 있는 것 같습니다.

요한은 하나님을 알파와 오메가, 처음과 마지막으로 보았습니다. "태초부터"의 그분의 생각과 목적이 무엇인지 우리가 알지 못한다면 하나님의 관점으로 매사를 보는 것이 불가능합니다. 아비들은 구원과 성숙을 경험했습니다. 또한 한 발짝 더 나아가서 그들의 인생과 교회를 향한 하나님의 목적과 생각을 알고 이해하면서 그것들을 하나님의 영원의 계획과 연관 짓습니다. 이것이 바로 제가 영적 아비들에 대해 묘사할 때 '완성'이라는 단어를 선택한 이유입니다.

간단히 말해서 완성은 '완료' 혹은 '성취'라는 뜻입니다. 즉 하나님은 부분이 아니라 전체를 보신다는 것입니다. 태초부터 하나님의 생각 중에 있었던 것을 이해할 수 있어야 미숙함으로 인한 많은 위험성을 깨닫게 되고 오늘날 교회 안에 심하게 만연된 불균형한 가르침의 결점과 잘못들을 피할 수가 있습니다.

하나님께서 태초부터 생각하셨던 것을 이해하는 것은 또한 우리가 현재의 문제들과 상황에 대해 더욱 명료한 관점을 가질 수 있도록 도와

줍니다. 그리스도의 삶에서 예를 들어보겠습니다. 바리새인들이 예수님께 이혼을 어떻게 생각하시는지 물었을 때, 예수님은 최신 여론 조사 결과를 쏟아내지 않으셨습니다. 대신 곧바로 그 문제를 하나님께서 원래 그 생각 속에 가지고 계셨던 의도와 연관시키셨습니다. "태초에는 이렇게 되지 않았다"(마 19:8). 예수님은 영적으로 성숙하셨습니다. 그분은 아버지 하나님의 생각과 방법, 목적을 이해하셨습니다.

상황 윤리와 타락하고 있는 도덕 그리고 절대성의 부재 시대에 우리는 교회 안에 '아비들', 곧 영적으로 성숙한 남녀들이 절대적으로 필요합니다. 아비들은 하나님의 영원의 계획에 부합하는 그분의 생각과 목적을 이해하는 사람들입니다. 대중적 경향의 역풍에 휩쓸리지 않고 하나님과의 친밀함의 실재를 위해 부르짖는 자들입니다. 값비싼 진주를 발견하고서 그것을 소유하기 위해 기꺼이 모든 것을 포기하는 자들입니다.

모래더미 그리스도인인가, 아니면 영적 아비들인가?

하지만 하룻밤 사이에 '영적 아비들'이 될 수는 없습니다. 성숙에는 시간이 필요합니다. 성숙은 변화를 위해서 조정을 요구합니다.

나이에 상관없이 우리는 모두 변화와 씨름합니다. 대개는 과거에 머물러 있으면서 친숙한 것을 즐기기가 더 편하기 때문입니다. 어린아이들에게는 학교에 다니며 대부분의 낮 시간을 책상에 앉아있는 것보다, 집에 있으면서 장난감을 가지고 노는 것이 더 쉽습니다.

『In My Father's House』(내 아버지 집에서)라는 아름다운 책에서 사랑스러운 코리 텐 붐Corrie ten Boom 여사는 처음 등교하던 날 친숙한 일상을 잃어버림에 애통하고 자유가 사라짐에 저항하면서 눈물과 짜증으로 범벅이 되었던 것을 회상합니다.

내 인형 카스페리나와 나는 파티를 즐기려고 했다! 엄마와 탄테 안나가 요리를 하고 있었고, 나는 식탁 아래 편안한 자리에 앉아 그들이 긴 치맛자락을 날리며 내 곁에서 부산하게 움직이는 것을 보고 있었다. 빨강과 검정으로 짜인 식탁보 아래는 안전하고 놀기에 환상적인 장소였다… 나는 카스페리나의 세 손가락을 꽉 잡고 속삭였다. '우린 이 비밀의 장소에 계속 있을 거야.'

그러나 코리는 그 다음에 벌어진 일도 이야기합니다.

모든 어린이에게는 아버지 집을 떠나야만 하는 때가 온다. 이를 악물고 서 검은 스타킹을 신은 다리로 층계에서 완강하게 버티고 있는 한 꼬마 소녀에게도 말이다…
'난 학교에 안 갈 거야. 난 읽을 줄 안다고. 산수는 아빠한테 배울 수 있어. 카스페리나를 위해서도 내가 집에 있어야 해.'
거기서 한 치의 양보도 없었다.
"코리야, 물론 너는 혼자서 학교에 가지 않아. 나와 함께 걸어갈 거야."
아빠는 몸을 숙여 난간에서부터 내 손가락을 하나씩 하나씩 풀어놓았다. 아빠의 턱수염이 내 정수리에 닿아 따끔거렸다. 손가락이 하나씩 풀릴 때마다 나는 더욱 악을 썼다. 아빠는 내 손을 잡은 후에 학교 가는 길로 나를 거의 끌고 갔다. 나는 내 손가락이 부러졌을 거라고 생각했다. 그러나 내가 학교에 가지 않는 것이 불가능해 보였다.

아빠는 깔끔한 정장을 입고 반듯한 마차를 몰아 친구들의 집과 가게를 지나쳐갔다. 하지만 온 세계에 자신의 반항을 알리고 있는 빨갛게 상기된 어린아이와 실랑이를 벌이는 모습은 아빠의 고상한 품위에 손상을 가했다. 나는 아빠가 화나지는 않았지만 뜻이 확고하다는 것을 알 수 있었다. 나는 복종해야만 했다.

학교에 도착했을 때, 한 남자 아이가 아버지의 팔에 들려서 로빈 선생님의 교실로 들어가는 것을 보았다. (적어도 나는 걸어 들어갔다!) 그는 나보다도 더 크고 엄청나게 울고 있었다. 민망하게 느껴질 정도로 추해 보였다. 하지만 나도 마찬가지였다. 나는 사람들에게 비칠 내 모습을 떠올리고서 순간 울음을 멈추었다.

아빠가 내 손을 놓았다. 손가락은 전혀 부러지지 않았다. 단지 내 마음이 약간 상했을 뿐이었다. 하지만 아빠가 내 뺨에 부드럽게 키스를 하며 학교가 끝나면 집에서 기다리고 있겠다고 나를 안심시켜줄 때에, 나는 아빠의 품이라는 은신처에서 곧 내게 필요한 복된 안정감을 찾게 될 것을 알 수 있었다.[1]

---

[1] Corrie ten Boom and Carole C. Carlson, *In My Father's House* (Old Tappan, New Jersey: Fleming H. Revell Co., 1976), pp. 36-37.

하나님께서 우리를 성령의 학교에 입학시키실 때에 여러분과 저도 이 꼬마 코리처럼 표면상 동일한 감정들을 경험할 수 있습니다. 우리는 새로운 책임과 규제를 받아들여야 할 때 저항하는 경향이 있습니다. "이건 너무 힘들어요." 우리는 눈물을 머금고 불평합니다. "너무 많은 것을 요구해요." 우리 중 일부는 친숙한 뒷마당으로 되돌아가 그냥 모래더미에서 놀기를 바랍니다.

그러나 하나님의 목표는 모래더미 그리스도인 세대를 키우는 것이 아닙니다. 어린이들이 모래더미에서 놀고 빈둥거리는 것은 괜찮지만, 어른들이 성숙의 단계에서도 모래더미에 여전히 머물러 있기를 고집한다면 그들은 결코 하나님과 함께할 때의 만족을 즐길 수 없을 것입니다.

이런 사람들은 이 세대에서 하나님의 목적을 이루기보다는 어리석고 열매 없는 즐거움에 인생을 낭비할 것입니다. 이들은 하나님 안에서의 성숙을 향해 발을 내딛는 자들에게 약속된 풍성한 상급을 결코 경험하지 못할 것입니다.

떠나보낼 시간

코리는 처음 등교할 때처럼 나중에 겪은 어떤 사건을 통해서, 하늘 아버지께서 그녀의 삶에 계획해두셨던 더 큰 축복과 목적들을 놓치지 않도록 어떻게 그녀가 '손가락을 난간에서 풀지' 않을 수 없게끔 하셨는지 이야기해줍니다.

나는 너무 많은 여행을 다니면서 지쳐버렸다— 낯선 잠자리와 낯선 음식에 지쳤고, 아침 식사를 위한 치장에 지쳤고, 새로운 사람들과 새로운 경험들에 지쳤다. 나는 큰 방들이 딸린 꽤 호화로운 이 집이 좋았고, 여기에 머물면서 홀랜드에서의 안락한 삶을 즐기기로 결정했다. 비록 하나님께서는 나의 결정에 동의하지 않으심을 알았지만 말이다.

집의 가구들은 대부분 내 것이었는데, 특별히 지난날 가족과의 행복했던 시절을 떠올리게 하는 방이 하나 있었다. 그 방에는 내 보물들이 있었다. 내가 사랑하는 사람들의 사진들, 그 시절 가족들의 유품들. 사진은 모두 계단의 난간과 같았다. 나는 그 과거를 움켜쥐고서 계속 붙들고 있으려고 애썼지만, 하늘 아버지의 손은 더 강했다.

하늘 아버지께서 말씀하셨다. '코리, 복종만 해라. 내가 너의 손을 쥐고 있을 것이다. 네가 네 방을 떠나는 것이 나의 뜻이다. 나중에 너는 이 경험에 대해 내게 감사할 것이다. 지금 너는 그것을 보지 못하고 있지만 이는 너를 향한 나의 큰 축복 가운데 하나란다.'

아버지의 손은 힘이 셌지만 나는 그것이 그분의 사랑임을 알 수 있었다.

나는 다시 가방을 싸서 미국을 떠났다. 주님께서 내 목적지에서의 시간들을 얼마나 축복하셨는지 모른다. 모임은 규모가 커지기 시작했고, 사람들이 어둠에서 빛으로, 매임에서 자유로 나오는 것을 볼 때에 나는 어떤 패턴을 발견하기 시작했다. 나는 아버지의 손이 내 손보다 더 강한 것에 대해 그분을 찬양했다.[2]

아동기의 자유와 보호받음은 환상적일 수 있습니다. 소중한 기억들이 위로를 줄 수 있습니다. 하지만 영혼은 달콤한 기억들에서 오래 양분을 공급받을 수 없습니다. 만약에 과거의 편안하고 안전한 바닥에 한 발을 계속 내딛고 있기를 고집한다면 하나님과 함께 전진할 수가 없습니다. 우리는 반드시 자원하는 심령으로 과거를 떠나보내고, 우리 하늘 아버지의 강한 손안에 우리 손을 두고서, 아버지가 우리를 성령의 학교에 입학시키도록 허락해드려야만 합니다. 성숙에 이르면서 그분의 놀라운 목적이 성취되는 것을 경험하고 싶다면 말입니다.

여러분은 아직도 영적인 아이입니까? 영적인 치아를 부서트리고 뒤뚱뒤뚱 거리면서, 성령 안에서 행하기 위해 여전히 다른 이들에게 가르침을 받아야만 하나요? 장난감들은 집어치우세요. 손을 뻗어 아버지 손을 잡으세요. 학교 종이 울리고 있습니다. 지금은 성장할 때입니다.

---

2) Ibid., pp.37-38.

십자가의 목적을 이해하기

저희 가족은 세계 최고의 경관을 자랑하는 곳 중 하나인 뉴질랜드에서 14년 이상 살았습니다. 바람이 거세게 부는 뉴질랜드의 도로를 달리다 보면 50년 혹은 75년 전의 멋진 구형 자동차들을 심심찮게 볼 수 있습니다.

차 주인들은 자동차를 본래 상태로 복구시키기 위해 이루 말할 수 없는 시간과 엄청난 비용을 들입니다. 그 과정 중에 생략하고 건너뛰는 것은 아무것도 없습니다. 모든 부품을 공들여 확인하고 해체한 다음에, 다시 조립하기 전에 수리하거나 새로 갈아 넣습니다.

진짜여야 한다

함께 상상해봅시다. 한 젊은이가 어느 농부의 차고 뒤에서 구형 자동차 한 대를 우연히 발견합니다. 이야기하기 편하게 그 차를 1913년형 모델 T라고 합시다. 복구했을 때 아주 멋있을 것임을 확신한 그는 농부에게 현금 얼마를 지불하고 그 차를 삽니다.

완벽하게 복구하려는 열망에 그는 온 시간을 작업에만 매달립니다. 몇 주가 지나 몇 달이 되었건만, 날마다 조금씩만 개선될 뿐입니다.

그런데 문제가 있습니다. 여러분도 눈치 챘겠지만 이 젊은이는 1913년형 모델 T를 원 상태로는 한 번도 본 적이 없었기에 그 차가 어떤 모습이 되어야 하는지 알지 못합니다. 차에 대해 그가 아는 것들은 현대의 표준과 스타일에 크게 좌우됩니다.

차를 가능한 한 빨리 그리고 저렴하게 복구하기로 마음먹은 젊은이는 이제 쉽게 구할 수 있는 부품들로 만족합니다. 본래 바퀴통과 바퀴가 어떠했는지 알기 위해 제작사의 설계서를 살펴보기보다는 손쉽게 넓은 타이어와 합금 바퀴를 구입합니다. 설계서대로 동판 헤드라이트와 램프를 사용하지 않고, 작은 사각 할로겐램프로 자족합니다. 빈티지 스타일의 대시보드와 나무 합판으로 정교하게 세공한 방화벽 대신에 플라스틱이나 그가 짜 맞출 수 있는 다른 것들로 대체합니다. 천연 가죽으로 의자를 감싸는 대신, 밝은 격자무늬 천에 만족합니다. 각 부분마다 매번 이런 식으로 복구를 진행합니다.

마침내 복구가 완성되는 멋진 날이 이르렀습니다. 차 주인은 그의 성과물을 뽐내며 자랑스럽게 마을을 순회 운전합니다. 마을 양로원을 지나갈 때 한 노인이 현관 의자에서 일어서며 믿을 수 없다는 듯이 차를 뚫어져라 쳐다봅니다. 주인은 이 노인이 향수에 취한 것이리라 추측하면서 차를 진입로로 몰고 가서는 노인에게 차를 살펴본 후 의견을 말해 달라고 청합니다.

노인이 발을 질질 끌면서 차를 느릿느릿 둘러본 후, 머리를 긁적이며 다음과 같이 말했을 때 이 젊은이가 받았을 충격과 실망을 상상해보십시오. "젊은이, 나는 전에 이와 같은 모델을 본 적이 있는데 이 말을 꼭 해야겠구려. 이 차는 전혀 원래 모델 같지가 않다네!"

오늘날의 그리스도인들도 순진한 이 자동차광 젊은이와 닮았습니다. 제대로 알지도 못한 채 우리는 진짜 복음 대신에 싸구려 모조품에 안주해왔습니다. 저는 확신합니다. 만약 우리가 1세기 때의 성도를 만난다면, 그들은 믿을 수 없다는 듯이 우리를 뚫어져라 쳐다볼 것입니다. 우리는 스스로 '그리스도인'이라고 자랑스럽게 칭하고 있지만, 소유주의 매뉴얼, 즉 하나님의 말씀에 기술된 진짜 기독교와 현격하게 차이가 나는 것은 아닌지 두렵습니다.

균형을 맞출 필요가 있다

"전체가 아닌 부분으로 시작하는 것은 실수나 이단으로 이끄는 가장 쉬운 길이다"라고 마틴 로이드 존스Martyn Lloyd Jones 박사는 말했습니다. 이 심오한 비평의 의미를 성도들이 모두 이해할 수 있었으면 좋겠습니다.

교회가 이렇게 방대하고도 다양한 '부분들'로 폭격을 당한 적은 지금까지 결코 없었습니다. 지역 기독교 서점을 방문하면 끝없이 펼쳐지는 다채로운 주제들을 볼 수 있는데, 하나같이 우리의 관심과 돈을 끌기 위해 경쟁을 벌이고 있습니다. 선반들마다 다이어트에서부터 우울과 건강한 믿음에 이르기까지 각종 신간들의 무게에 푹 꺼져있습니다. 일반 성도들이 방향감각이나 목적의식을 거의 갖고 있지 않다는 사실은 놀랄 일도 아닙니다. 하나님의 전체 목적을 무시하고서 이들은 '부분들' 사이에 서서 어리둥절해합니다.

많은 경우에 지역 교회는 사교 클럽의 대용품이 되어버렸습니다. 회원권은 세례와 십일조를 통해 쉽게 얻을 수 있습니다. 교회의 존재 이유를 심사숙고하는 일은 거의 중단되었습니다. 성도들은 알맹이 없는 최소한의 모임들에 참석하는 것에 만족하면서 그들의 참된 목적과 부르심에 무관심한 상태로 냉담함과 무료함에 빠져있습니다.

만약 무관심과 무감동이 성숙으로 가는 길에 있는 대부분의 그리스도인을 훼방하는 데 충분하지 못하면, 그 위에 이상한 교리의 바람이 불어 우리 모두를 강타합니다. 해마다 새로운 세미나 슈퍼스타가 등장해 영적인 성공을 보증하는 공식을 가지고서 중앙 무대에 오르는 것 같습니다. 고급스러운 광고지와 그럴듯한 안내서 그리고 역동적인 인물 비평을 배경으로, 이들 스스로 기름 부음 받은 self-anointed '지혜의 예언자'들은 많은 미숙한 성도에게 그들이 마침내 모든 성도의 영적인 문제에 대한 해답을 발견했노라고 확신시킵니다.

이 같은 프로그램들이 약속한 결과는 보통 일시적입니다. 하나님은 결단코 '부분'으로 '전체'를 대신하도록 계획하지 않으셨습니다. 성숙으로 향하는 길로 달음질하기 원한다면 '하나님의 말씀을 옳게 분별하기'위해 필사적으로 방향을 돌려야 합니다. 하나님의 온전한(전체) 가르침만이 온전한 그리스도인을 낳습니다. 그밖에 다른 것은 영적 기형을 초래합니다.

'카뷰레터' 기독교

어떤 사람이 자동차 엔진이 작동하는 방식에 전혀 문외한인 학생들을 상대로 일련의 강의를 한다고 가정해봅시다. 그런데 이 강사는 개괄적인 설명을 하기보다는 오로지 카뷰레터(기화기)의 중요성에 대해 집중하기로 선택합니다.

먼저 그는 카뷰레터가 작용하는 방식과 어떤 기능을 수행하는지 보여주는 도표를 그립니다. 그런 다음 공기청정기에서부터 제트에 이르기까지 도표의 각 상세 항목을 몇 시간에 걸쳐 모두 설명합니다. 이어서 강사는 1배럴, 2배럴, 4배럴짜리 카뷰레터의 다양한 형태를 정성 들여 상술합니다. 마지막으로 카뷰레터가 얼마나 중요한지, 결국 그것이 없으면 엔진은 가동될 수 없다는 사실을 다시 한 번 강조하면서 강의를 마칩니다. 학생들은 여전히 엔진의 다른 구성 요소들을 잘 알지 못한 채로 '카뷰레터 복음'을 설교하는 교실을 떠납니다.

그러는 사이 건너 마을에서는 다른 그룹이 점화전의 역할에 대한 일

런의 강의를 집중하여 듣고 있습니다. 핵심적인 기능에 대해 매우 상세한 설명을 합니다. 점화전이 어떻게 작용하는지 정확하게 설명하기 위해 그림으로도 보여줍니다. 이 강의도 역시 엔진의 한 특정 부분이 담당하는 중추적인 역할에 대해 대단히 강조하면서 끝마칩니다. 점화전이 없이는 자동차는 힘이 없고 달리는 것도 불가능함을 분명히 하면서 말입니다. 방금 우리는 '점화전 복음'을 선포하는 새로운 그룹을 보았습니다.

나중에 배급자의 미덕을 격찬하는 또 다른 그룹이 생깁니다. 그들은 배급자의 미덕이 절대적으로 중요하다고 주장할 뿐만 아니라, 카뷰레터와 점화전에 반대하는 설교를 시작합니다. 그들에 따르면 자신들이 바로 그 배급자이며 유일하게 참된 '복음'입니다.

그리스도의 몸 안에서도 비슷한 가르침으로 말미암아 성도들이 하나님의 온전한 뜻을 제대로 모른 채 균형을 잃은 지혜 없는 자들이 되고 맙니다. 이들 여러 '부분들'을 중심으로 회중과 추종자들이 형성되는데, 이들은 자신들이 궁극적이고 완전한 진리를 가졌다고 확신하며 그들에게 동참하기를 거절하는 사람들을 모두 멀리합니다.

바울은 고린도 성도들에게서 유사한 상황을 보았습니다. 어떤 이들은 바울에게, 또 어떤 이들은 아볼로에게, 다른 이들은 그리스도에게 충성을 주장하면서 그들의 충직이 나뉘었으며, 몸의 다른 부분에 상관없이 자신들의 특정한 역할만을 강조했습니다. 눈들은 그들의 통찰력을 자랑했고, 손들은 섬김을, 다리들은 떠받침을 자랑했습니다.

하나님의 영원하고 전지적인 관점을 새로 이해할 필요가 있습니다.

교회는 마음을 끄는 교리들을 내건 통속적인 파도의 물살에 침몰당하고 있습니다. 고난이나 제자 훈련, 희생 혹은 고통에 대해 듣고 싶어 하는 사람은 거의 없습니다.

교회가 비대하고 게을러지며 이 땅에서의 참된 역할에 대해 무관심해지는 동안, 적들의 전략은 반대로 해마다 새로운 진보로 나아갑니다. 이슬람은 세계 지배를 위한 군사적인 열성으로 전진하고 있습니다. 계몽에 목말라 하면서도 오염된 우물에서 물을 마시는 것에 만족하는 자들을 먹이로 삼아 신흥 이교 단체가 계속 늘어나고 있습니다.

하나님의 본래 목적 이해하기

우리의 총체적 실수와 결함들을 바로잡고자 한다면, 몸 된 교회는 반드시 태초부터의 하나님의 생각에 대한 이해를 구해야만 합니다. 인류에 대한 하나님의 의도는 무엇이었습니까? 하나님은 왜 우리를 첫 번째 자리에 창조하셨습니까? 이들 질문에 대한 답을 이해할 수 있어야 십자가의 전체 의미를 파악할 수 있습니다.

바울은 골로새에 보내는 서신서에서 이렇게 말합니다.

> 만물이 그에게서 창조되되 하늘과 땅에서 보이는 것들과 보이지 않는 것들과 혹은 왕권들이나 주권들이나 통치자들이나 권세들이나 만물이 다 그로 말미암고 그를 위하여 창조되었고(골 1:16)

우리 대부분은 하나님께서 만물을 창조하셨음을 믿는 것이 그리 어렵지 않습니다. 그러나 우리가 '그분을 위하여' 창조되었음을 이해해야 할 때면 우리의 주권이 위협당하는 것처럼 느끼는 경향이 있습니다. 계시록에서 요한은 이 핵심 진리 위에 더욱 빛을 비춥니다.

> 주 우리 하나님이시여, 영광과 존귀와 능력을 받으시기에 합당하십니다. 주께서 만물을 창조하셨고 주의 기쁘신 뜻을 인해 만물이 존재했고 또 창조됐습니다.(계 4:11, 우리말성경)

이 두 구절을 보면 사람을 창조하신 하나님의 목적에 대해 의미 있는 통찰을 얻을 수가 있습니다. 우리는 그분을 위해 창조되었습니다. 우리는 그분의 기쁨과 목적을 위해 창조되었습니다.

십자가의 더 깊은 이해를 구하기에 앞서, 무엇보다 먼저 타락 이전의 인간의 원 상태를 공부할 필요가 있을 것입니다.

창세기에 "여호와 하나님이 그 사람을 이끌어 에덴동산에 두어 그것을 경작하며 지키게 하시고"(창 2:15)라는 말씀이 나옵니다. 여기서 곧바로 사람을 향한 하나님의 의도를 담고 있는 세 가지 영역을 발견할 수 있습니다.

1. 인간의 복종: "여호와 하나님이 그 사람을 이끌어"
2. 인간의 자리: "에덴동산에 두어"
3. 인간의 소명: "그것을 경작하며 지키게 하시고"

하나님께서 의도하신 인간은 본래 하나님의 신적 권위 아래서 복종하였습니다. 인간은 하나님께서 택하신 자리에 배치되었으며, 하나님의 목적을 섬기도록 하나님께서 의도하신 소명을 받았습니다. 분명히 인간이 하나님에 의해 창조되었을 뿐만 아니라, 하나님을 위해 창조되었음을 알 수 있습니다. 여기에 사람이 스스로 행하고자 하는 바의 진로를 결정할 수 있는 여지는 없습니다. 다만 인간이 타락 이후에 독립적으로 살면서 자신의 길을 추구하기 위해 뒤돌아섰을 뿐입니다. 이에 대해 이사야는 이렇게 요약합니다. "우리는 다 양 같아서 그릇 행하여 각기 제 길로 갔거늘…"(사 53:6)

이런 배경 지식을 가지고 십자가의 의미를 인간을 향한 하나님의 의도와 연관시키면서 나아갈 수 있습니다. 아마도 우리의 가장 큰 실수는 사람을 향한 하나님의 태초부터의 목적을 붙잡는 데 실패했다는 사실에서 기인할 것입니다. 오늘날 우리들이 이기심에 지배당함으로 인해 십자가에 대한 이해가 왜곡되었고, 여기서부터 십자가는 '나의' 필요에 대한 하나님의 응답이 되고 말았습니다. 십자가에 대한 우리들의 즉각적인 반응은 이렇습니다. "내가 무엇을 얻어낼 수 있지?", "그리스도의 죽음이 나를 위해 무엇을 이루어주셨지?"

왜 그리스도께서 죽으셨는가?

수년에 걸쳐 여러 나라에서 사역하면서 저는 "왜 예수님께서 죽으셨나요?"라는 질문을 반복해서 받았습니다. 물론 그리스도는 죗값을 치르시려 죽으셨습니다. 그러나 이것이 유일한 목적이었습니까?

그리스도께서 죽으신 이유를 더욱 깊이 이해할 수 있는 예화를 하나 들어보겠습니다. 가령 아내와 제가 수년 동안 자동차 없이 살았다고 합시다. 마침내 우리는 차를 구입할 수 있을 만큼 돈을 모았습니다. 며칠간 여기저기 둘러본 후, 우리 필요에 안성맞춤이라고 여겨지는 자동차 한 대를 삽니다. 차는 중고였는데, 기계적 성능에는 별 무리가 없지만 썩 말끔한 상태는 아닙니다. 이제껏 달린 햇수와 거리만큼 대가를 치른 셈입니다. 그럴지라도 저는 행복하게 그 차를 집으로 몰고 와서 청소를 시작합니다.

좌석을 들어 올리자 먼지더미와 동전이며 장난감 같은 잡동사니가 보입니다. 외관은 더 많이 손봐야 합니다. 먼지와 찌든 때, 기름때는 끈덕지게 들러붙어 있습니다. 하지만 서서히 그 더러움은 씻겨나가고 새로운 광택으로 반짝반짝 윤기가 흐릅니다. 마침내 이 차는 이전의 영광을 드러내기 시작합니다.

청소를 다 마친 후, 저는 집 안으로 들어가 구정물이 담긴 양동이를 제 아내에게 자랑스럽게 내밉니다. "여보, 이 더러운 때 좀 봐요!" 저는 소리칩니다. "우리의 고된 수고가 해낸 일을 모두 보라고요!"

분명 뭔가가 끔찍하게 잘못됐습니다. 온전한 정신으로는 누구도 구정물 한 통을 위해서 그 모든 일을 하지는 않을 것입니다. 차를 구입한 저의 목적은 차의 더러움이 아니라, 차 그 자체입니다. 제가 그 모든 수고를 들인 이유는 바로 그 차가 필요했기 때문입니다. 저는 저의 목적에 맞게 그 차를 저의 소유로 구입했습니다.

'자동차' 예화를 더 들어보겠습니다. 제가 몇 해 전에 차의 페인트 작업과 독특한 장식 세트를 특별 주문해서 새 차를 구입했다고 칩시다. 이 차는 오직 저를 위해 제작되었습니다. 시간이 흐른 후 저는 그 차와 헤어지게 되었고, 다른 곳에서 차는 혹사당하고 무시당했습니다. 얼마 후 간신히 그 차를 찾아낸 저는 다시 그 차를 사서 청소와 복구라는 힘겨운 일에 매달립니다.

이 예화가 완벽하지는 않더라도 십자가에 대한 대중적인 오해를 잘 전달해주고 있습니다. 우리 대부분에게 그리스도의 죽음은 오로지 하나의 목적에 이바지했습니다. 우리 인생에서 죄의 오물을 씻는 것입니다. 하지만 저는 하나님께서 우리 죄에 그토록 관심을 가지고 있다고 생각하지 않습니다. 성경은 "동이 서에서 먼 것같이 우리 죄과를 우리에게서 멀리 옮기셨다"(시 103:12)고 말씀하고 있습니다. 하나님은 죄를 수집하는 일을 하고 계신 것이 아닙니다.

십자가: 사람의 유익과 하나님의 유익을 위해

그렇다면 십자가로 향하는 그분의 목표는 무엇이었습니까? 이 부분에 대한 성경 말씀을 찾아보면, 이중의 목표가 있음을 발견할 수 있습니다. 하나는 사람의 유익을 위한 것이고, 다른 하나는 하나님의 유익을 위한 것입니다.

수년에 걸쳐 말씀을 연구하면서 저는 십자가를 다루는 구절들에 표시를 하는 버릇이 생겼습니다. 바울은 로마 성도들에게 보내는 서신서에서 그리스도의 죽음의 전체 의미를 밝히고 있습니다.

> 우리 중에 누구든지 자기를 위하여 사는 자가 없고 자기를 위하여 죽는 자도 없도다 우리가 살아도 주를 위하여 살고 죽어도 주를 위하여 죽나니 그러므로 사나 죽으나 우리가 주의 것이로라 이를 위하여 그리스도께서 죽었다가 다시 살으셨으니 곧 죽은 자와 산 자의 주가 되려 하심이니라(롬 14:7-9)

바울은 그리스도의 죽음이 단지 죄를 위해서가 아니라, 우리 삶에 대한 그분의 주 되심을 다시 한 번 확립하시기 위함이라고 강조합니다. 디도에게 쓴 글에서 바울은 이를 더욱 명료화시킵니다.

> 그가 우리를 대신하여 자신을 주심은 모든 불법에서 우리를 구속하시고 우리를 깨끗하게 하사 선한 일에 열심하는 친 백성이 되게 하려 하심이니라(딛 2:14)

그리스도의 죽음에서 두 가지 국면을 주목해봅시다. 바울은 사람의 유익과 하나님의 의도를 아름답게 하나로 연결시킵니다. 사람은 용서와 정결케 됨을 받습니다. 하지만 바울은 계속해서 하나님께서 그분을 위해 사람을 소유하시기를 갈망하고 계심을 보여줍니다. 그렇다면 하나님의 생각(mind) 속에 있는 것은 단지 사람의 죄가 아니라 바로 사람인 것입니다.

이에 대한 더 많은 증거는 계시록에서 찾을 수가 있는데, 요한은 그리스도의 죽음의 목표를 이렇게 설명합니다.

> 새 노래를 노래하여 가로되 책을 가지시고 그 인봉을 떼기에 합당하시도다 일찍 죽임을 당하사 각 족속과 방언과 백성과 나라 가운데서 사람들을 피로 사서 하나님께 드리시고(계 5:9)

다른 성경 말씀들도 십자가와 태초부터의 하나님의 신성한 의도에 선명한 빛을 비춰줍니다.

우리는 그리스도의 주 되심을 필히 새롭게 강조해야만 합니다. 너무 오랫동안 '간편한 신앙주의'의 메시지로 사역해왔습니다. 이는 (고백과 영접을 위한) 제단 앞으로 나아감, 신속한 기도, 그리고 십일조의 약속 말고는 다른 요구를 성도들에게 부과하지 않습니다. 또는 새신자들에게 정결함을 지키고 그리스도와의 만남을 기다리라고 격려하는 정도입니다.

옛 십자가와 새 십자가

A.W. 토저A.W. Tozer는 '옛 십자가와 새 십자가'를 말하면서 특유의 불굴의 방법으로 이 문제를 요약합니다.

알려지지도 크게 들통 나지도 않았지만, 현 시대에 새로운 십자가가 대중적 복음주의 진영 안으로 들어왔다. 이는 옛 십자가와 닮았으나, 표면적으로만 닮았지 근본은 서로 다르다. 이 새로운 십자가로부터 그리스도인의 삶에 대한 새로운 철학이 생겨났고, 이 새로운 철학에서부터 새로운 복음주의적 기술, 즉 새로운 모임 형태와 새로운 종류의 설교가 등장했다. 이 새 복음주의는 옛것과 동일한 언어를 사용하지만, 그 내용과 강조점은 다르다.

옛 십자가는 세상과의 거래가 없다. 아담의 교만한 육체에 대해, 옛 십자가는 그 여정이 끝났음을 의미했고, 시내 산에서 선포된 율법의 판결을 실행에 옮겼다.

반대로 새 십자가는 우리의 육체에 반대하지 않는다. 오히려 우호적인 친구이며, 좋은 것이 넘쳐나는 원천이며, 순수한 재미이고, 순결한 즐거움이다. 새 십자가는 아담이 아무 방해 없이 살게끔 해준다. 그의 삶의 동기는 달라지지 않았는데, 여전히 자신의 기쁨을 위해 사는 것이다. 다만 이제는 퇴폐적인 노래와 독한 술을 피하고 그 대신 찬양의 노래를 부르고 종교 영화를 보는 것에서 기쁨을 취한다. 쾌락의 도덕적 수준은 높아졌을지라도, 여전히 즐기는 것에 강조점이 있다.

새 십자가는 새로우면서도 전혀 다른 복음주의적 접근법을 권장한다. 전도자는 새 생명을 받아들이도록 먼저 옛 생명의 항복을 요구하지 않는다. 그는 세상과 대조되는 것들이 아니라 비슷한 것들을 전한다. 기독교가 전혀 불쾌한 요구를 하지 않는다는 것을 보여주어 복음에 더 많은 관심을 불러일으킨다. 그의 기독교 브랜드는 세상과 같은 것을 더 수준 높게 제공한다. 죄에 물들어 있는 세상이 무엇을 외치고 요구하든지 간에 바로 그것을 복음이 준다고 가르친다. 오히려 이 종교에서 나온 것이 더 좋다는 식이다.

새 십자가는 죄인을 죽이지 않고, 죄인에게 새로운 지침을 제시한다. 더 깨끗하고 더 쾌활한 삶의 방법을 갖게 해서 그가 자존감을 지키도록 인도해준다. 자기주장이 강한 자들에게 "와서 그리스도를 위하여 너 자신을 주장하라"고 외친다. 이기주의자들에게는 "와서 주 안에서의 너를 과시하라"고 말한다. 무언가 짜릿한 것을 찾는 자에게는 "와서 그리스도를 통한 성공의 전율을 즐기라"고 외친다.[3]

진리를 왜곡시킨 죄를 자각하면서 이 '고대의 명소'로 되돌아가 우리의 타락을 회개할 필요가 있습니다. 십자가에 관한 가장 명료한 구절 중 하나는 고린도 교회에 보낸 바울의 편지에 등장합니다. 그리스도의 죽음에 대한 성경의 모든 말씀 중에서 저는 이 구절이 가장 간결한 진술이라고 믿습니다.

저가 모든 사람을 대신하여 죽으심은 산 자들로 하여금 다시는 저희 자신을 위하여 살지 않고 오직 저희를 대신하여 죽었다가 다시 사신 자를 위하여 살게 하려 함이니라(고후 5:15)

---

3) A. W. Tozer, *The Best of A. W. Tozer* (Baker Book House Co., 1978). Christian Publications의 허락을 받아 사용함.

우리 존재 이유의 대변혁

예수님의 죽음은 우리 인생의 전체 목적에 대변혁을 일으키셨습니다. 이는 이기적인 삶에 종지부를 찍고 우리의 모든 계획과 목적들 앞에 차단벽을 설치하였습니다. 옛것들은 지나갔고, 새로운 사역과 목적이 시작되었습니다(고후 5:17-18).

그런데 아직도 교회 안의 무척 많은 사람이 자신을 위해 살고 있습니다. 어떤 습관적인 양상은 중단되었습니다. 더 이상 이전의 죄를 계속 저지르지는 않습니다. 하지만 자기의 뿌리root of self는 하나도 죽지 않았습니다. 그들의 계획들은 변화되지 않은 채로 남아있습니다. 그들은 자신을 위해 삽니다. 그리스도께서는 바로 그 목적을 파멸시키려고 죽으셨는데도 말입니다.

자신의 이기적인 계획과 목적들을 위해 사는 것이 무엇인지 저도 잘 알고 있습니다. 저는 젊어서 그리스도인이 되기 전에 그래픽 아티스트가 되기를 꿈꾸었습니다. 그리스도인 가정에서 태어나 설교자로 유명한 아버지를 둔 저는 그리스도에 관한 주장들을 들으며 성장했습니다. 제가 죄인인 것을 알았고 구원의 확신을 갈망했을지라도, 여러 해 동안 성령님의 부드러운 격려에 저항했습니다. 결국 열여덟 살 때 제 삶을 그리스도께 내어드렸습니다. 이 일이 있기 전 3년 동안 문자 그대로 성령님으로 인해 양심의 가책을 받으며 온몸을 떨곤 했지만 그래도 응답을 거절했었습니다. 성령님은 하나님께서 단지 저의 죄만 쫓아오신 것이 아니라 바로 저를 원하셨음을 깨우쳐주셨습니다. 제 인생과 계획들을 포기할 준비가 되지 않았었기에, 마침내 그분께 저를 스스럼없이 내어드리게 되기까지 그렇게 저항했던 것입니다.

수년 동안 성경의 한 부분이 제게 점점 더 실재가 되고 있습니다. "…너희는 너희 자신의 것이 아니라…값으로 산 것이 되었으니…"(고전 6:19-20) 십자가 이면의 목적을 다시 주목합시다. 그것은 단지 당신의 죄가 아니라 바로 당신을 값으로 산 것입니다. 바울이 고백합니다. "나를 사랑하사 나를 위하여 자기 자신을 버리신"(갈 2:20).

하나님은 우리를 갈망하신다

이제 우리는 십자가의 목적을 볼 수 있습니다. 우리 죄보다 훨씬 더 중요한 것이 달려있습니다. 하나님은 인류를 갈망하십니다. '그분에 의해, 그분을 위해 창조된' 인류 말입니다. 바로 여기에 오늘날의 설교와 가르침의 많은 약점이 있습니다. 그분의 몸 된 교회가 그 첫사랑의 열정을 잃었다는 의견에는 의심할 여지가 없습니다. 교회가 잠이나 자면서 무사태평하는 사이에, 무수히 많은 이가 비기독교적인 영원으로 날마다 빠져들어 가는 것도 이상한 일이 아닙니다.

바울은 "너희는 너희 자신의 것이 아니라"라는 말을 제대로 이해했습니다. 그는 회심의 순간에 이를 깨닫고서 이렇게 부르짖었습니다. "주님, 제가 무엇을 해야 할까요?" 그러자 주님이 대답하셨습니다. "너는 일어나 다메섹으로 들어가라. 내가 너의 행할 바를 정해둔 것을 네가 다 듣게 될 것이다"(행 9:6 참조).

'주님'이라는 말은 복종을 내포합니다. "다메섹으로 들어가라"는 명령은 자리를 지정해줍니다. "내가 너의 행할 바를 정해둔 것을 네가 다 듣게 될 것이다"라는 말씀은 소명을 가리킵니다.

우리는 성경적인 회심의 기초로 돌아서야 합니다. 오늘날의 간편한 신앙주의는 약하고 감상적인 교회를 양산하고 있습니다. 살아남기 위해서는 끊임없이 영적으로 '기분을 북돋아 주어야' 할 필요가 있는 교회들입니다. 일반 성도들은 십자가의 원수로 살고 있습니다. 십자가의 요구는 거부하고 십자가의 특혜만 즐기기를 기대하면서 말입니다. 이에 대해 바울은 이렇게 말합니다.

> 내가 여러 번 너희에게 말하였거니와 이제도 눈물을 흘리며 말하노니 여러 사람들이 그리스도의 십자가의 원수로 행하느니라…(그들은) 땅의 일을 생각하는 자라(빌 3:18-19)

그들은 땅의 것들에 열중하고 그들의 시야는 이 세상에 제한됩니다. 오늘날 완전한 항복의 기쁨을 알고 영적 유아기에서부터 벗어나 그리스도 안에서 성숙하기 위해 자라고 있는 남녀들은 어디에 있습니까?

- "그분이 어디로 가시든지 어린양을 따르기" 위해 준비된 자들
- "모든 것을 버리고 그분을 따르기" 위해 준비된 자들
- 순수하게 "먼저 하나님의 나라를 구하는" 자들
- 바울과 함께 "보이는 것은 잠깐이요 보이지 않는 것은 영원함이라"

고 말할 수 있는 자들
- "내가 주의 뜻 행하기를 즐깁니다"라고 응답하는 자들
- "세상은 이들에게 가치가 없는" 자들(세상이 감당치 못할 자들)
- "그들의 생명조차 조금도 귀한 것으로 여기지 않는" 자들
- 주님께 "잘하였도다 착하고 충성된 종아"라는 말을 듣는 것이 목표인 자들

성경 말씀을 새롭게 연구해야 교회가 얼마나 영적 유아기에 머물러 있는지 볼 수 있습니다. 저는 몇 해 전 베드로의 경고를 읽고 놀랐습니다.

> 그러나 백성 가운데 또한 거짓 선지자들이 일어났었나니 이와 같이 너희 중에도 거짓 선생들이 있으리라 그들은 멸망하게 할 이단을 가만히 끌어들여 자기들을 사신 주를 부인하고 임박한 멸망을 스스로 취하는 자들이라(벧후 2:1)

교회 안에 살금살금 기어들어 와서, 결국에는 친히 값을 지불하신 자들, 그분을 위해 창조된 자들에 대한 그리스도의 주 되심을 부인하는 가르침을 경고하는 베드로의 말에 주의를 기울입시다. 이는 다르게 표현하면 이런 말이 될 것입니다. "우리는 이 남자가 우리를 다스리게 하지 않을 거예요. 그를 십자가에 못 박으세요." 우리는 그분의 용서의 조항은 받아들이면서도, 그분의 목적에 우리를 편입시킬 그분의 권리는

부인합니다.

이 모든 것을 고려해볼 때에 과연 우리는 어떻게 응답해야 하겠습니까?

성숙은 항복을 요구한다

첫째, 우리는 주님께 전적인 항복으로 자신을 기탄없이 내어드릴 필요가 있습니다. 십자가는 죽음(자신의 갈망, 계획, 야망, 그리고 목표들에서의 죽음)을 상징합니다. 십자가는 최후이고 완결입니다.

둘째, 이제 자신에 대해 죽은 우리는 그리스도를 위해 살아야 합니다. 이를 실행하기 위하여 "주님, 제게 하도록 하실 일은 무엇입니까?"라고 질문할 필요가 있습니다.

야고보는 서신서를 통해 이렇게 경고합니다.

> 들으라 너희 중에 말하기를 오늘이나 내일이나 우리가 어떤 도시에 가서 거기서 일 년을 머물며 장사하여 이익을 보리라 하는 자들아 내일 일을 너희가 알지 못하는도다 너희 생명이 무엇이냐 너희는 잠깐 보이다가 없어지는 안개니라 너희가 도리어 말하기를 주의 뜻이면 우리가 살기도 하고 이것이나 저것을 하리라 할 것이거늘 이제도 너희가 허탄한 자랑을 하니 그러한 자랑은 다 악한 것이라 그러므로 사람이 선을 행할 줄 알고도 행하지 아니하면 죄니라 (약 4:13-17)

창조된 목적을 발견하고 이행할 수 있음은 오직 우리가 '그분에 의해, 그분을 위해 창조' 되었음을 알고서 그분께 나를 다시 내어드림으로써 응답할 때입니다. 그런 다음에라야 우리가 닮도록 창조된 그분의 형상을 따라 그분의 진짜 복제품이 될 수 있습니다.

FOR GOD'S SAKE GROW UP!

우리 세대에서 하나님의 목적을 섬기라

빛나는 지성을 가졌으나 열등감과 실패의 두려움 때문에 대학원으로 진학하거나 전문 경력을 쌓기보다는 자신의 역량에 한참 모자란 직업을 선택한 아가씨가 한 명 있었습니다. 그녀는 나이 많은 친구에게 자기가 꾸었던 당혹스러운 꿈 이야기를 했습니다. "큰 손이 보였는데 커다란 서류 더미에서 서류철을 알파벳순으로 분류하고 있었어요. 그 손이 내 이름이 적힌 서류 묶음을 끄집어내더군요. 그런데 서류 묶음 맨 앞장 오른쪽 위에 '낭비된'이라는 단어가 빨간색 도장으로 큼지막하게 찍혀있었어요."

이 아가씨처럼 자신의 회심 경험은 선뜻 간증할 수 있으면서도 그들의 인생에 신성하고 분명한 목적이 있음을 전혀 느끼지 못하는 성도들이 많이 있습니다. 이런 그리스도인들은 자신이 구원을 받았고 천국에 갈 것을 알지만, 하나님으로부터 할당받은 지상에서의 시간에서는 좌절감과 패배감을 느끼며 헤매고 있습니다.

어떤 항해자에게 어디로 항해할 것이냐고 물었더니, "나는 단지 바다의 제한을 받을 뿐입니다"라고 대답했습니다. 당신도 이 항해자처럼 실질적인 방향감각을 상실했습니까? 목적도 목표도 없이 인생을 표류하고 있지는 않습니까?

알란 레드패스Alan Redpath는 이렇게도 묘사합니다. "구원받은 영혼, 하지만 잃어버린 인생…" 이 얼마나 낭비입니까. 얼마나 무감각한 비극입니까. 성경 말씀은 분명하게 진술하고 있습니다. "하나님이 우리를 구원하사 거룩하신 소명으로 부르심은…오직 자기의 뜻(목적)에 따라 하심이라"(딤후 1:9 참조).

비전 없음

오늘날의 교회가 왜 이렇게 지루하고 분주하고 또 성과가 없는지 아십니까? 저는 이 문제가 사실은 많은 성도가 자신의 삶 혹은 전체 교회에 대한 하나님의 신성한 목적을 발견하고 이해하는 감각을 가지지 못했기 때문이라고 생각합니다.

대부분의 성도는 성경을 마치 엄청나게 많은 조각으로 구성된 퍼즐 맞추기처럼 여깁니다. 그런데 정작 이 정보 조각들은 서로 상관이 없어 보이고 당혹스러운 것들입니다. 실제로 예배나 설교, 세미나는 각각의 퍼즐 조각을 다루고 있는 것처럼 보입니다. 결코 '전체' 윤곽 곧 하나님 말씀의 총체적인 '큰 그림'을 파악하지 못하고, 단순히 곁에 두고 있거나 의무적으로 하는 '매일 성경 읽기'만으로 자족합니다. 하나님의 말씀은 너무 복잡해서 이해할 수가 없는 것이라고 굳게 믿으면서 말입니다.

그러니까 이런 그리스도인들에게 비전이 없다는 것은 조금도 이상하지 않습니다. 그저 구원에 만족하며, 하나님의 신성한 목적을 이해하기 위해서나 하나님의 계획 속에서 그들의 위치 곧 그들이 창조된 이유인 운명destiny을 찾기 위해 그다지 고민하지 않습니다.

다윗 왕의 일생을 감동적으로 요약한 다음 말씀으로 저는 자주 도전을 받습니다.

> 내가 이새의 아들 다윗을 만나니 내 마음에 맞는 사람이라 내 뜻을 다 이루리라 하시더니…다윗은 당시(그의 세대)에 하나님의 뜻(목적)을 따라 섬기다가 잠들어 그 조상들과 함께 묻혀 썩음을 당하였으되…(행 13:22, 36, 괄호는 NASB 역자 번역)

'우리 세대에서 하나님의 목적을 섬기기.' 이것이 바로 우리의 높은 부르심입니다. 여기서 참된 성취를 발견할 수 있습니다. 이를 능가하는 것은 아무것도 없습니다. 이와 떨어져서는 어떤 것도 만족을 주지 못합니다. 그리스도와 결합되는 것, 일꾼들과 더불어 성령 안에서 연합하고, 하나의 목적에 열중하는 것. 얼마나 큰 특권입니까! 얼마나 멋진 부르심입니까!

그런데 하나님의 목적이 무엇인가요? 그분의 목적이 무엇인지도 모르는데 그 목적을 섬기는 것이 가능하겠습니까? 하나님의 목적을 발견하기 위해서는 반드시 태초로 되돌아가야 합니다. 아마도 우리가 '전체'를 보기 시작할 때에라야 '온전함'에 이르게 될 것입니다.

아브라함에게 하신 하나님의 약속

아브라함은 하나님의 목적으로 부름 받았습니다.

> …너는 너의 고향과 친척과 아버지의 집을 떠나 내가 네게 보여줄 땅으로 가라 내가 너로 큰 민족을 이루고 네게 복을 주어 네 이름을 창대하게 하리니 너는 복이 될지라 너를 축복하는 자에게는 내가 복을 내리고 너를 저주하는 자에게는 내가 저주하리니 땅의 모든 족속이 너로 말미암아 복을 얻을 것이라 하신지라(창 12:1-3)

아브라함의 복은 단지 간직하고 있을 것이 아니라 풀어져야 할 것이었습니다. 하나님의 갈망은 아브라함을 통해서 이 땅의 모든 나라가 복을 받는 것이었습니다.

수 세기가 흐른 후, 아브라함을 향한 하나님의 목적에 대해 바울은 이렇게 설명합니다.

또 하나님이 이방을 믿음으로 말미암아 의로 정하실 것을 성경이 미리 알고 먼저 아브라함에게 복음을 전하되 모든 이방인이 너로 말미암아 복을 받으리라 하였느니라(갈 3:8)

이스라엘이 한 나라로 세워지기 전일지라도 하나님은 그분의 목적을 드러내고 계셨습니다. 창세기 13장 14-15절에서 하나님은 아브라함에게 다시 말씀하셨습니다.

…너는 눈을 들어 너 있는 곳에서 북쪽과 남쪽 그리고 동쪽과 서쪽을 바라보라 보이는 땅을 내가 너와 네 자손에게 주리니 영원히 이르리라

로마서 4장 13절은 아브라함에게 하신 하나님의 약속 이면에 담긴 더 깊은 의미를 밝히고 있습니다. "아브라함이나 그 후손에게 세상의 상속자가 되리라고 하신 언약은 율법으로 말미암은 것이 아니요 오직 믿음의 의로 말미암은 것이니라." 하나님은 아브라함과 그의 자손을 향해 단지 중동 땅의 한 구역을 차지하는 것 이상으로 훨씬 더 위대한 목적을 가지셨습니다. 하나님의 의도는 아브라함이 '세상의 상속자'가 되는 것이었습니다. 하나님께서 아브라함을 부르실 때에 하나님의 생각 속에는 모든 종족이 다 포함되어있었습니다.

이스라엘에게 하신 하나님의 약속

이스라엘의 열두 아들로부터 시작해서 이스라엘이라는 나라가 형성되었습니다(이스라엘은 아브라함의 손자인 야곱에게 하나님께서 주신 이름입니다). 이스라엘은 이 땅을 향한 하나님의 일련의 목적 가운데 또 하나의 연결고리가 되려고 했습니다. 이스라엘은 열방에 하나님을 증거하는 도구가 될 운명이었습니다. G. 캠벨 모건G. Campbell Morgan은 이스라엘을 향한 하나님의 의도를 매우 명료하게 요약하고 있습니다.

> 우리가 이 나라의 창조 의미를 이해하는 것이 중요하다. 하나님께서 여러 나라 중에서 한 나라를 선택하신 이유가 다른 나라들은 버려두시고 그 나라에만 그분의 사랑을 아낌없이 쏟아 부으려고 하신 것이 아니었음은 아무리 강조해도 결코 지나치지 않는다. 하나님의 목적은 이 나라를 건설하신 목적보다 훨씬 더 컸다. 그것은 다른 나라들을 위해서, 이 나라를 통해 증거를 삼으시려 함이었다. 이 신성한 의도란 그분의 정부 하에서 세상에 그 정부의 관대함과 아름다움, 유익을 드러낼 백성을 일으키는 것이었다. 이 나라의 생명은 그분의 보좌와 그분의 제단과 맞물려 있었는데, 이 백성은 그분의 계명에 복종하고 그분을 예배하면서 하나님의 왕국의 의미를 바깥 나라들에게 드러내야만 했다. 하나님은 총애할 것을 선택하신 것이 아니라, 견본을 만드신 것이었다.[4]

---

4) G. Campbell Morgan, *Living Messages of the Books of the Bible* (Westwood, NJ: Fleming H. Revell Co., 1912)에서 발췌.

여러분은 선생님이 어느 특별한 학생을 택해서 '총아'로 삼고는 애정과 사랑, 관심을 쏟아 붓는 학급에 있어본 적이 있습니까? 그렇다면 이런 행동이 다른 학생들로 하여금 2급이라고 느끼도록 만든다는 것을 잘 알 것입니다. 이스라엘은 하나님의 견본이었지 그분의 '총아'는 아니었습니다.

'총아'는 하나이고, '견본'은 전적으로 다른 의미입니다. 여러분은 드레스 제작에 대해 좀 아십니까? 재봉사는 한 개의 견본을 만들고, 그 견본으로 무수히 많은 다른 드레스를 제작합니다.

이스라엘을 통해 하나님은 하나의 견본을 세우려 하셨습니다. 다른 나라들이 보고 그처럼 되기를 갈망할 수 있는 나라로 말입니다. 그분의 백성이 그분의 계명을 지키고 그분을 예배하면서 그분의 보좌와 그분의 제단을 중심으로 모였을 때에, 그들은 참된 하나님을 바깥 나라들에게 드러낼 수 있었습니다. 다시 말해서 이스라엘의 생활양식은 하나님의 본성과 성품을 반영하는 것이었고 이스라엘의 법은 하나님의 선하심을 가리키는 것이었습니다.

신명기 28장에서 하나님께서 이스라엘이라는 한 나라와 하신 약속을 기억하십니까? 하나님께 복종하며 살도록 지정된 이스라엘은 전쟁에서 지는 일이 없을 운명이었습니다. 그들의 수확물은 풍성할 것이었습니다. 백성은 건강하고 다른 나라들이 걸리는 질병에도 끄떡없었을 것입니다. 하나님의 말씀으로 자녀들을 가르칠 때에 그 나라 백성의 삶은 순조롭고 반항도 없었을 것입니다.

결과적으로 다른 나라들은 이스라엘을 보면서 그들의 신과 이스라엘의 하나님을 비교했을 것입니다. 그들은 이렇게 물었을 것입니다. "전쟁에 나갈 때마다 우리는 졌다. 우리 아이들은 반항적이고 온갖 고통을 겪고 있다. 죄와 폭력, 이혼, 학대, 역기능 가족이 우리 사이에서는 일반적이다. 치명적인 질병이 만연한다. 우리 경제는 위태로운 상태이고, 또한 적국의 군대가 언제 덮칠지 모른다는 끊임없는 두려움 속에서 살고 있다. 무엇 때문에 우리는 당신들과 이토록 다른가?"

이스라엘은 이렇게 답했을 것입니다. "글쎄, 어떤 의미에서 우리는 너희와 다른 것이 아무것도 없다. 하지만 너희도 알다시피 우리에게는 선하신 하나님이 계신다. 우리에게 공급하시고 복을 주시는 한 분 하나님이시다. 우리 하나님은 우리에게 굉장한 율법과 삶의 원리들을 주셨다. 그분께 순종하고 그분의 길로 행하는 한, 우리는 다른 나라들이 겪는 어려움들을 당하지 않는다."

그러면 다른 나라들은 또 이렇게 말할 것입니다. "너희 하나님이 우리 하나님이 될 수 있는 기회가 있는가? 우리도 너희에게 동참할 수 있겠는가?"

매우 간단하게 말해서 이것이 바로 하나님의 의도입니다. 이스라엘은 다른 나라들을 위한 견본이자 본보기였지, 그 나라 자체의 우수성 때문에 선택받은 것이 아니었습니다. 이스라엘은 하나님의 목적을 이루는 도구가 되기 위해서 하나님께 양육을 받았을 뿐입니다.

그런데 이스라엘은 이를 이해하지 못했습니다. 오히려 자만하고 배타적이게 되었지요. 부르심은 보지 못하면서 지위에는 교만하여, 하나님의 모든 축복을 즐겁게 받으면서도 하나님의 목적을 섬기는 임무에는 실패했습니다.

하나님께서는 거듭해서 선지자들을 보내 이스라엘을 바로잡으시려고 시도하셨지만 그들은 응답하지 않았습니다. 이 나라가 하나님의 도구가 되는 특권에 점점 더 냉담해지자 주님은 선지자 이사야를 통해 말씀하셨습니다.

…네가 나의 종이 되어 야곱의 지파들을 일으키며 이스라엘 중에 보전된 자를 돌아오게 할 것은 매우 쉬운 일이라 내가 또 너를 이방의 빛으로 삼아 나의 구원을 베풀어서 땅 끝까지 이르게 하리라(사 49:6)

존재 목적을 오해한 이스라엘은 편협하고 매우 편견적인 분파가 되었습니다. 다른 나라들과는 어떤 것도 함께하기를 거절하면서 하나님의 놀라운 계시를 온통 그들을 위해서만 붙잡고 있었습니다.

하나님의 도구로서의 이스라엘의 참담한 실패를 설명하기 위해 하나의 예를 들어보겠습니다. 어느 교실에서 제가 학생들을 가르친다고 가정해봅시다. 주머니에서 값비싼 펜을 하나 꺼내 모든 학생이 볼 수 있도록 높이 들었습니다. 저는 학생들에게 전부 그 펜을 만지며 간단하게 조사해보기를 바란다고 말했습니다.

그리고는 맨 앞줄에 있는 청년에게 제 볼펜을 건네면서 그것을 훑어본 다음 옆 사람에게 전달하라고 지시했습니다. 모든 학생이 제 지시에 따르기만 한다면 교실 안에 있는 사람들은 전부 펜을 잠깐이나마 직접 만져보았을 것입니다.

그런데 그 펜을 처음 받은 청년이 "와! 정말 멋진 펜이네요. 제게 필요했던 바로 그거예요"라고 말하면서, 옆 사람에게 전해주라는 저의 지시를 무시하고 자기 주머니에다가 펜을 넣어버렸습니다. 근본적으로 이스라엘이라는 나라가 했던 일이 정확히 이러했습니다. 하나님이 말씀하셨습니다. "견본이 되어라. 나의 메시지를 다른 나라들에게 전해주어라. 그러면 나의 목적이 이루어질 것이다." 이스라엘은 순종하는 대신에 하나님의 축복을 그들만을 위해 집어넣었습니다. 그 결과 하나님의 목적은 좌절되고 말았습니다.

교회에 하신 하나님의 약속

이스라엘이 영적 어둠 가운데에 살고 있는 다른 모든 사람에게 빛이 되도록 하신 하나님의 임무에 실패하자 하나님은 "조상들(아브라함과 이삭과 야곱)에게 주신 약속들을 견고하게 하시"려고 (롬 15:8b) 그분의 아들을 보내셨습니다.

약속들을 '견고하게' 하신다는 것이 무슨 뜻입니까? 저는 어떤 이유가 있어서 일평생 엄청난 여행을 다녔습니다. 제가 비행기 표를 예약할 때에 발견한 것이 있는데, 여행 일정 아래에 보통 다음과 같은 문구가 쒸어있는 것입니다. "출발 24-36 시간 전에 예약을 재확인해주시기 바랍니다." 석 달 전에 표를 구입했을지라도 출발하기에 앞서 항공사에 전화를 걸어 이름과 목적지, 비행기 번호를 알려줘야 합니다. 그리고 몇 달 전에 했던 예약 사항들을 갱신하거나 재확인해야합니다.

예수 그리스도께서는 구약으로 거슬러 올라가 하나님께서 아브라함과 맺었던 약속들을 갱신하고 재확인하기 위해 오셨습니다. 아브라함의 씨를 통해 이 땅의 모든 나라가 복을 받게 될 것이라는 약속 말입니다. 비록 이스라엘은 끔찍하게 실패했을지라도 그 약속은 하나님의 마음에 박혀있었고 결코 잊지 않으셨습니다.

예수 그리스도를 통해 그분은 이 땅의 모든 나라에게 손을 내미시기로 작정하셨습니다. "이 약속들은 아브라함과 그 자손에게 말씀하신 것인데 여럿을 가리켜 그 자손들이라 하지 아니하시고 오직 한 사람을 가리켜 네 자손이라 하셨으니 곧 그리스도라"(갈 3:16).

어떤 그리스도인들은 이 구절을 읽은 후에 안도의 한숨을 내쉴지도 모르겠습니다. "휴, 이 땅의 모든 나라에게 복음이 이르도록 할 책임을 하나님께서 나에게 지우시려는 줄 알았네. 그 자손이 그리스도라면 내가 걱정할 필요는 없겠는걸. 그 부담에서 벗어났네."

하지만 29절이 이어집니다. "너희가 그리스도의 것이면 곧 아브라함의 자손이요 약속대로 유업을 이을 자니라"(갈 3:29). 그리스도인으로서 여러분과 저는 아브라함의 자손(씨, seed)입니다.

이스라엘이 이 땅에서 하나님의 목적을 성취하는 데에 실패했기 때문에, 조롱하는 대제사장들과 바리새인들에게 예수님께서 선언하셨습니다. "그러므로 내가 너희에게 이르노니 하나님의 나라를 너희에게서 빼앗아서 그 나라의 열매를 맺는 나라에게 줄 것이다"(마 21:43, NKJ "Therefore I say to you, the kingdom of God will be taken from you and given to a nation bearing the fruits of it" 역자 번역).

그 나라는 누구입니까? 베드로전서 2장 9절에서 해답을 발견할 수 있습니다. "그러나 너희는 택하신 족속이요 왕 같은 제사장들이요 거룩한 나라요…" 그 이유는 무엇입니까? "…이는 너희를 어두운 데서 불러 내어 그의 기이한 빛에 들어가게 하신 이의 아름다운 덕을 선포하게 하려 하심이라."

그리스도께서 언급하셨던 거룩한 나라로서, 교회는 복음으로 열방에 다다라야 할 신성한 임무와 책임이 있습니다. 여러분과 저는 이 땅에서 하나님의 목적이 성취되도록 도울 위대한 특권을 소유하고 있습니다.

비전을 붙잡기

여러분이 「리더스 다이제스트」를 읽어보았다면 매달 이 잡지 뒷면에 베스트셀러 도서를 소개하며 책의 요약본을 싣는 것을 알 것입니다. 편집자는 책의 근본 핵심과 메시지를 그대로 살려두면서 책 전체를 한두 문장으로 간략하게 축약합니다. 이렇게 축약, 발췌된 글을 책의 요약본이라고 합니다. 주목할 것은 예수님께서 구약 전체를 단 두 구절, 누가복음 24장 46-47절로 줄이셔서 궁극적으로 우리에게 요약본을 주셨다는 것입니다! 주님은 부활하신 후 제자들에게 나타나서서 이렇게 말씀하셨습니다.

또 이르시되 내가 너희와 함께 있을 때에 너희에게 말한 바 곧 모세의 율법과 선지자의 글과 시편에 나를 가리켜 기록된 모든 것이 이루어져야 하리라 한 말이 이것이라 하시고 이에 그들의 마음을 열어 성경을 깨닫게 하시고 또 이르시되 이같이 그리스도가 고난을 받고 제삼 일에 죽은 자 가운데서 살아날 것과 또 그의 이름으로 죄 사함을 받게 하는 회개가 예루살렘에서 시작하여 모든 족속에게 전파될 것이 기록되었으니(눅 24:44-47)

본질적으로 예수님은 이렇게 말씀하셨습니다. "너희는 모세와 모든 선지자, 시편 기자들이 이야기했던 것의 기본적인 내용들을 알기 원하느냐? 그건 바로 이것이란다. '한 씨(자손)가 와서 죽고, 부활하여, 그의 이름으로 회개와 죄 사함이 온 열방에 선포될 것이다.'" 또 48절에서 주님은 덧붙이십니다. "그리고 너희는 이 모든 일의 증인들이다."

우리는 복음의 증인들입니다. 교통사고 현장을 '증언하는' 식이 아니라, 책임감을 가지고서 복음의 메시지를 전파하는 증인입니다.

그런데 이 메시지만큼이나 중요한 사항이 또 있습니다. 예수님께서는 제자들에게 즉시로 복음을 퍼트리러 돌진하라고 하지 않으셨다는 사실입니다. 대신에 이렇게 명하셨습니다.

…너희는 위로부터 능력으로 입혀질 때까지 이 성에 머물라 하시니라(눅 24:49)

이제 퍼즐 조각들이 좀 더 한데 모여지는 것을 볼 수 있습니다. 일단 복음의 총체적인 윤곽을 파악하고 나면 성령세례의 이유를 알 수 있습니다. 성령세례는 섬김을 위해서 우리에게 기름을 부어 증인이 될 수 있게 하는 것입니다. 성령의 은사들을 주시는 이유는 무엇입니까. 그것은 그리스도의 몸에 덕을 세우고 불신자에게 복음을 전파할 때에 우리가 하나님을 능력 있게, 능률적으로, 그리고 효과적으로 섬길 수 있도록 하기 위함입니다. 성경에 거룩한 삶과 가정생활에 대해 그토록 많은 가르침이 담겨있는 이유를 아십니까? 그것도 우리의 빛이 사람 앞에 비취게 하여 그들이 우리의 선한 행실을 보고 하늘에 계신 우리 아버지께 영광을 돌리게 하기 위함입니다.

사도 바울은 이를 이해하였기에 그의 전 생애와 사역을 하나님의 위대한 목적을 성취하는 것에 집중했습니다. 바울은 아그립바 왕에게 상세하게 증언할 때에 똑똑히 말했습니다. "이제도 여기 서서 심문받는 것은 하나님이 우리 조상에게 약속하신 것을 바라는 까닭이니"(행 26:6). 계속해서 바울은 그리스도께 받은 그의 부르심의 초점을 정확하게 설명했습니다.

> 내가 대답하되 주님 누구시니이까 주께서 이르시되 나는 네가 박해하는 예수라 일어나 너의 발로 서라 내가 네게 나타난 것은 곧 네가 나를 본 일과 장차 내가 네게 나타날 일에 너로 종과 증인을 삼으려 함이니 이스라엘과 이방인들에게서 내가 너를 구원하여 그들에게 보내어 그 눈을 뜨게 하여 어둠에서 빛으로 사탄의 권세에서 하나님께로 돌아오게 하고 죄 사함과 나를 믿어 거룩하게 된 무리 가운데서 기업을 얻게 하리라 하더이다 아그립바 왕이여 그러므로 하늘에서 보이신 것을 내가 거스르지 아니하고
> (행 26:15-19)

바울은 그리스도께서 자신에게 나타나신 것이 기름을 붓고 그를 지명하여 이방인들에게 선포자와 제사장으로 삼기 위함이었음을 이해했습니다. 그리고 아그립바 왕에게 한 바울의 이 말을 주목해보십시오.

> …하나님의 도우심을 받아 내가 오늘까지 서서 높고 낮은 사람 앞에서 증언하는 것은 선지자들과 모세가 반드시 되리라고 말한 것밖에 없으니 곧 그리스도가 고난을 받으실 것과 죽은 자 가운데서 먼저 다시 살아나사 이스라엘과 이방인들에게 빛을 전하시리라 함이니이다 하니라 (행 26:22-23)

바울은 그의 동기와 메시지를 똑바로 밝혔습니다. 그는 주 예수 그리스도의 몸 된 교회의 온전한 목적을 이해했습니다.

이스라엘은 하나님의 메시지를 오해하고 그분의 목적을 놓쳐버렸지만 하나님은 이 사랑하는 나라와 관계를 끊지 않으셨습니다. 바울의 말처럼 말입니다. "그들을 버리는 것이 세상의 화목이 되거든 그 받아들이는 것이 죽은 자 가운데서 살아나는 것이 아니면 무엇이리요…그리하여 온 이스라엘이 구원을 받으리라" (롬 11:15, 26).

문들을 차지하기

이제까지 별로 주목받지 못했지만 매우 특별한 부분을 지적해보겠습니다. 창세기 22장 17절에서 하나님은 아브라함에게 이렇게 말씀하셨습니다.

내가 네게 큰 복을 주고 네 씨가 크게 번성하여 하늘의 별과 같고 바닷가의 모래와 같게 하리니 **네 씨가 그 대적의 성문**the gate of their enemies**을 차지하리라**(굵은 글씨는 저자 강조)

다시 아브라함의 씨인 교회에 대해 그리스도께서 베드로에게 하신 말씀을 비교해봅시다. "…내가 이 반석 위에 내 교회를 세우리니 **음부의 권세**the gates of hell**가 이기지 못하리라**"(마 16:18, 굵은 글씨는 저자 강조). 대적이 하나님의 백성을 상대로 연승을 거두고 있는 이 시대에 주께서 우리에게 주시는 이 약속은 큰 소망입니다.

리처드 J. 포스터Richard J. Foster는 통찰력 넘치는 그의 책 『Prayer: Finding the Heart's True Home』(기도: 마음의 참된 집을 발견하기)에서 개인적인 경험을 나누고 있는데, 다음 이야기는 승리하는 교회를 보기를, 그리고 그 일부가 되기를 애타게 갈망하는 모든 이에게 감명을 줄 것입니다.

1978년 봄, 캐럴린과 나는 과중한 겨울 스케줄에서 벗어나 며칠 좀 쉬려고 오리건 해변으로 차를 몰았다. 첫날 나는 새벽에 잠에서 깼다. 캐럴린은 여전히 자고 있었기에 나는 조용히 침대에서 빠져나와 해변으로 이른 산책을 나갔다. 조수가 빠져나갔고 밤안개는 이제 막 걷히기 시작했다. 근처에 헤이스탁 락이라고 잘 알려진 거대한 바위가 있었다. 나는 바다에서 머리를 식히면서, 모래 밖으로 꼿꼿하게 솟아있는 이 거대한 바위 요새를 거의 한 바퀴를 돌았다. 파도의 가차 없는 공격에 맞서 서있는 이 바위의 견고함이 경이로웠다.

그 다음에 일어난 일은 설명하기가 어렵다. 나는 해안을 전망할 수 있는 벼랑까지 갔다. 꼭대기에는 헴록과 가문비나무, 삼나무가 숲을 이루고 있었다. 나는 특별히 거대한 삼나무에 감탄했다. 이렇게 자라기까지는 수백 년이 걸렸을 것이다. 그리고 오른쪽으로 세 걸음을 뗐을 때 이 건강한 나무에 가려서 보이지 않던 나무를 발견했다. 매우 큰, 하지만 분명히 썩고 있는 또 다른 삼나무였다. 양쪽으로 초록색 싹이 약간 돋아났지만, 나무속이 드러났기 때문에 나무가 죽는 것은 시간 문제였다. 꽤 오래전에 번개에 맞은 게 분명했다. 이 거대한 두 나무 말고는 이곳에 별다른 것은 없었다.

썩어가는 나무를 면밀히 살피고 있는데 갑자기 주님의 말씀이 임했다. '이것이 나의 교회다!' 이 말씀을 듣자마자 눈물이 흘렀다. 나는 일평생 교회에서 일했기에 교회가 진짜 그 모습이라는 것을 알고 있었다. 겉으로 보기에 거대한 교회는 일부 생명이 남은 흔적이 있긴 하지만, 썩어가고 있었다. 그때 나는 무언가에 이끌리듯 몸을 180도 돌려 저 멀리 있는 헤이스탁 락을 보았다. 이제 조수가 들어오고 있었고 그 바위는 완전히 물에 잠기게 되었는데, 파도가 바위에 거칠게 부딪혀 부서지고 있었다. 주님의 말씀이 이어졌다. '이것이 나의 교회의 앞으로의 모습이란다.' [5)]

---

5) Richard J. Foster, *Prayer: Finding the Heart's True Home* (New York, NY: HarperCollins Pub., 1992), pp. 243-245.

하나님의 갈망, 하나님의 심장 박동이 그분의 영원한 사랑과 생명의 메시지를 가지고 그리스도를 통해 이 땅의 나라들에게 닿을 것입니다. 이것이 바로 하나님의 말씀의 퍼즐 맞추기에서 각각의 작은 조각이 있는 궁극적인 이유입니다. 하나님의 목적은 성취될 것이며, 그분의 몸인 강력한 교회를 통해 그리고 개인적으로는 여러분과 저를 통해 하나님은 그 목적을 이루실 것입니다. 만약 그렇게 하시도록 우리가 허락해드린다면 말입니다.

건달인가, 아니면 용사인가?

여기에 믿기 어려울 만큼 엄숙한 경고가 있습니다. 하나님께서 그분의 목적을 깨우칠 수 있도록 이스라엘을 제쳐두며 그 나라를 거절하셨던 것처럼, 하나님은 여러분이나 저, 회중, 혹은 전체 교파도 마찬가지로 제쳐놓으실 수가 있습니다.

하나님은 교회의 촛대를 제거하실 수 있습니다. 여러분이나 제가 교만하고 배타적이고 자기중심적이 된다면, 하나님은 그분의 기름 부음을 거두어 가실 수 있습니다. 우리가 하늘의 유업을 모조리 자신을 위해 붙들고 있으려고만 한다면 하나님은 그 축복을 철회하실 수 있습니다. 그리고는 그분의 분부대로 따를 다른 사람들, 다른 회중, 다른 교파들, 다른 나라들을 일으키실 것입니다. 하나님은 (그분의 의지로) 그분의 교회를 세우실 것입니다. 그분의 영원의 목적은 성취되어야만 합니다.

우리는 각자 고유의 재능과 은사들을 낭비할 수 있습니다. 존재의 근본 이유를 놓칠 수 있습니다. 하지만 우리가 하나님의 영광스러운 복음의 빛으로 이 세상의 어둠을 꿰뚫고 승리의 교회를 세우면서, 그분의 목적의 성취를 위해 자신을 전적으로 하나님께 내어드린다면, 우리는 그 의미와 성취를 보게 될 것입니다.

지금은 우리의 유치하고 자기중심적인 방법들을 내려놓을 시간입니다. 지금은 거룩한 부르심을 받아들이고, 하나님의 능력과 빛이 어둠 속으로 밀고 들어가면서 대적의 문을 차지할 수 있도록 허락할 때입니다. 지금은 일어나 이 시대의 하나님의 목적을 섬겨야 할 때입니다.

FOR GOD'S SAKE GROW UP!

하나님과의 친밀함을 갈망하라

뉴질랜드 크라이스트처치 시에 있는 캔터베리 박물관의 아름다운 진입로에는 다음 성경 구절이 돌에 새겨져 있습니다. "오, 이런 것들은 그분이 하신 일의 일부분일 뿐이라네. 그분에 대해 듣는 것은 희미한 소리일 뿐이라네"(욥 26:14a, 우리말성경). 수천 개의 전시품을 보유한 박물관이 정작 하나님은 잘 믿지 않으면서도 이 모든 작품이 하나님의 경이로운 솜씨임을 인정하기에 이 구절만큼 딱 들어맞는 표현도 없습니다.

동일한 맥락에서, 마음 아프지만 이 구절은 교회와 일반 성도들을 묘사하는 말이기도 합니다. 우리는 하나님께서 공급해주시는 축복은 모두 다 받으면서도, 하나님에게서 말씀을 듣는 일은 정말이지 얼마나 적습니까? 영적 젖먹이들처럼 그분의 행사를 보는 것에 만족하지, 그분

혹은 그분의 길을 아는 데에는 거의 관심이 없습니다.

하나님과의 친밀함에서 성장하기

지금은 성장할 시간입니다. 이제는 성도들이 하나님께 개인지도를 받으러 나아가 그분의 길 안에서 훈련받아야 할 때입니다. 많은 이가 하나님의 목적의 일부가 되기를 열망하는데도 불구하고, 하나님의 목적들에 연결되는 것이 하나님과 누리는 친밀함에서부터 흘러나오는 것임을 이해하지 못했습니다.

하나님과의 개인적인 사귐은 그리스도인의 유력한 삶을 위한 하나의 기초적인 필수 조건입니다. 마가는 예수님께서 열두 제자를 지목하셨을 때를 기억합니다. "…이는 자기와 함께 있게 하시고 또 보내사 전도도 하며 귀신을 내쫓는 권능도 가지게 하려 하심이러라"(막 3:14-15). 가브리엘처럼 우리도 하나님의 말씀을 선포하러 보냄을 받기 전에 먼저 하나님의 임재 안에 서있어야 합니다(눅 1:19 참조). 여기서 실패하면 어디서도 실패합니다. 우리가 하나님의 생각과 목적을 온전히 이해할 수 있는 것은 오로지 그분과 그분의 길을 알기 위해 그분께로 나아갈 때뿐입니다.

오늘날 정작 그 위에 복을 내리시는 하나님의 손이 빠진 '영적' 활동들이 너무나도 많습니다. 텔레비전 전도자들은 마치 잠언의 연사들처럼 "달라, 달라, 달라"고 끊임없이 부르짖습니다. 이 쇼들은 하나님께서 이미 오래전에 그분의 축복을 거두셨다는 사실은 안중에도 없습니다. 그분의 임재를 구하는 새로운 갈망으로 반드시 되돌아서야 합니다. 구약에서 거룩하게 바르는 기름처럼, 다른 대체물은 있을 수 없습니다. 주님의 말씀은 합당합니다.

> 지혜로운 자는 그의 지혜를 자랑하지 말라 용사는 그의 용맹을 자랑하지 말라 부자는 그의 부함을 자랑하지 말라 자랑하는 자는 이것으로 자랑할지니 곧 명철하여 나를 아는 것과 나 여호와는…(렘 9:23-24)

하나님 알기를 애타게 기대하기

영향력 있는 성도들에게는 한 가지 공통 요소가 있는데, 바로 하나님의 임재를 향한 사랑입니다. 다윗은 그의 실패들에도 불구하고 하나님을 추구하는 애타는 갈망을 지녔습니다. 시간이 지나면 지날수록 다윗은 그분을 더욱 친밀하게 알기 원하는 간절함을 시편에 표현했습니다. "하나님이여 사슴이 시냇물을 찾기에 갈급함같이 내 영혼이 주를 찾기에 갈급하니이다"(시 42:1).

왕이 되었을 때 다윗은 하나님의 임재를 상징하는 법궤를 있어야 할 곳으로 되가져오는 데 전혀 지체하지 않았습니다. 안타깝게도 사울이 통치하는 40년 동안 이스라엘은 법궤를 한 번도 찾지 않았습니다. 하나님은 동일하게 그분의 임재로부터 떨어져 독립적으로 행하기를 추구하는 우리의 이기적이고 완고하며 편협한 상태에서 우리를 구해주십니다.

법궤를 되가져오는 데 실패한 직후에도 다윗은 하나님의 임재가 필요하다고 겸손하게 인정합니다. 그는 포기하지 않은 채 부르짖습니다. "내가 어떻게 하나님의 궤를 내 곳으로 오게 하리요"(대상 13:12). 다윗은 "여호와의 처소 곧 야곱의 전능자의 성막을 발견하기까지"(시 132:2-5) 잠을 자지 않기로 맹세합니다. 오늘날에도 사람들이 모든 겸손으로 이렇게 고백할 수 있기를! "주님 외에 내가 갈망하는 것은 이 땅에 아무것도 없나이다!"

이와 비슷하게 모세도 그분의 약속들 위에 임하시는 하나님의 임재를 소중하게 여겼습니다. 금송아지를 예배하는 우상 숭배가 있은 후에 하나님은 모세에게 그 백성을 약속의 땅으로 인도해 들이실 것이라고 말씀하십니다. 하나님은 언약을 지킬 준비를 갖추게 하시면서 그 땅의 여러 거주민을 내쫓기 위해 하나님의 천사들을 모세와 함께 보내셔서 초자연적으로 보호해주실 것이라며 모세를 안심시키십니다. 누구나 모세가 기뻐했으리라고 생각할 것입니다. 무엇보다 그들 자신의 땅과 기업을 갖는 것은 이스라엘 백성의 대단한 갈망이었습니다. 하지만 하나님은 언약을 지키기 위해 약속대로 하시겠다고 모세에게 보증해주시면서도, 그들과 함께 가지는 않을 것이라고 말씀하십니다.

이제 모세는 가장 중요한 결정의 순간을 맞닥트립니다. 그는 이스라엘을 이끌고 약속의 땅으로 전진해가거나 아니면 광야에 머무를 수 있습니다. 선택은 분명해 보입니다. 땅을 취하는 것입니다. 무엇보다도 이것이 바로 그들이 출애굽한 이유이지 않습니까? 그 땅은 젖과 꿀이 흐르는 비옥한 땅이고, 전형적인 하나님의 축복이 전부 주어질 것이라고 들었습니다. 집들은 그들이 물려받게 될 온갖 좋은 것으로 가득하고, 그들이 심지 않은 포도밭과 감람나무 숲, 거기에다 그들이 세우지 않은 도시가 있는 곳입니다.

이 모든 것을 약속하셨던 하나님께서 그들의 죄악에도 불구하고 모세에게 말씀하십니다. 언약을 지키실 것이고 그것들을 다 줄 것이라고 하십니다. 그러나 모세는 하나님의 임재가 없이는 어떤 것도 받기를 거절합니다. 모세는 그 모든 '풍요로움'이 약속된 가나안에 들어가는 것보다 뜨거운 모래와 황무지밖에 없는 광야에서 하나님과 함께 거하기를 더 원했습니다. 하나님의 임재는 모세에게 다른 무엇보다 더 중요했습니다. 오늘날의 많은 성도와 목사, 종교적인 훈련 센터와 달리 모세는 겉으로는 성공으로 보이지만 차선에 불과한 것에 만족하지 않았습니다.

하나님 그분보다 하나님의 축복을 구하는 세대

오늘날 많은 사람이 하나님의 언약으로 타진해 들어갑니다. 그들은 그들의 '집들과 포도원들'에 대해 자랑합니다. 일부는 그들 앞에 나타나거나 말씀을 전하는 초자연적인 존재를 체험하기도 합니다. 그런데 이상하게도 그들의 삶에는 그분의 임재가 없는 것 같습니다. 그들은 하나님의 축복과 공급하심을 받는 것에 만족해하며 그분의 임재에는 별로 관심이 없습니다. 웬일인지 그분이 '주실' 수 있는 것들을 보느라고 그분의 '백성'임을 깨닫지 못합니다.

이런 성도들은 하나님께 언약들에 대한 의무가 있다고 주장하면서 하신 말씀을 지키시라고 강요합니다. 그런데 그들과 하나님과의 사귐은 어떻게 되었습니까?

몇 해 전에 아내와 저는 이사하기로 결정했습니다. 집을 내놓았는데 다행히도 현금을 주고 사겠다는 사람을 찾았습니다. 계약이 이루어졌고 그가 이사 오는 날이 정해졌습니다. 한편 우리는 살던 집에서 몇 집 떨어진 곳에 다른 집을 구했습니다. 가격을 절충하고 필요한 서류들에 사인을 한 후, 우리는 살던 집을 비워야 하는 날짜에 맞추어 새 집에 들어가는 날짜를 정했습니다. 모든 것이 순조로웠고 우리는 감탄했습니다. 24시간도 안 되어 옛 집을 팔고 새 집을 장만하는 데 성공했습니다. 이제 기다리는 일만 남았습니다.

며칠이 지난 후 우리 집을 샀던 가족이 계약을 취소하기를 원한다고 알려왔습니다. 우리 변호사는 그 계약은 파기될 수 없으니 걱정할 필요가 없다고 했습니다. 계약에 없던 요구이기 때문입니다. 그들은 말로써 동의했고 돈을 지불했다는 서류에 서명도 했습니다. 그렇기 때문에 우리는 법적으로 보장을 받았습니다. 그들은 약속을 지켜야만 했습니다.

그러나 아내와 저는 이 상황을 논의하면서 비록 계약서를 가지고 있기는 하지만 그것을 강행할 수 없다는 결론을 내렸습니다. 이웃이 될 사람과 바른 관계를 가지는 것이 우리에게는 '계약'보다 더 중요했습니다.

차선에 만족하지 않은 모세는 하나님께 부르짖었습니다. "…주께서 친히 가지 아니하시려거든 우리를 이곳에서 올려 보내지 마옵소서"(출

33:15). 그런 다음 하나님의 임재가 그에게 왜 그렇게 중요한지 가장 본질적인 이유를 들면서, 성경 말씀 중에서 가장 마음 깊은 곳에서 우러나오는 표현에 속하는 말을 합니다. "나와 주의 백성이 주의 목전에 은총 입은 줄을 무엇으로 알리이까 주께서 우리와 함께 행하심으로 나와 주의 백성을 천하 만민 중에 구별하심이 아니니이까"(출 33:16).

하나님의 백성이라는 인증

우리를 믿지 않는 자들과 구별시키는 것은 우리의 교리나 교의, 우리의 법이나 생활양식이 아닙니다. 여러분과 저를 구별되게 하는 한 가지, 유일한 것은 바로 그분의 임재입니다. 하나님을 추구하는 이 단일의 갈망이 하나님의 참된 자녀임을 알리는 인증표입니다. 바울은 그리스도를 알기 위해 그에게서 다른 모든 것을 벗어버리기로 각오했습니다. 다윗이 강조한 것을 들어보십시오. "내가 여호와께 바라는 한 가지 일 그것을 구하리니…여호와의 아름다움을 바라보며 그의 성전에서 사모하는 그것이라"(시 27:4). 여러분의 한 가지 갈망은 무엇입니까?

아가서에서는 신랑과 신부의 관계를 엿볼 수 있습니다. 우리와 하늘 신랑과의 관계를 아가서에 등장하는 커플의 관계와 비교해볼 때에 우리는 많은 귀중한 교훈을 얻을 수 있습니다.

이 아름다운 이야기 5장에서는 사랑하는 자가 와서 문을 두드릴 때에 신부가 거의 잠에 빠져있었던 것을 기술합니다. 그녀는 현 상태에 만족해하면서 선뜻 일어나 문 열기를 주저합니다. 일어나 옷을 챙겨 입기를 내켜하지 않습니다. 그녀는 깨끗한 발이 다시 더럽혀질까 봐 염려합니다. 그녀가 대가를 계산하며 머뭇거리는 동안, 사랑하는 자는 계속해서 문을 두드리며 그녀에게 사랑을 표현합니다.

얼마간 시간이 흐른 후 그녀가 일어나 문을 열었는데 사랑하는 자가 몹시 마음 아파하며 이미 떠나간 뒤였습니다. 그녀는 실수를 깨닫고서 그를 찾아 나섰습니다. 지금 그 대가는 처음보다 더 커졌습니다. 그녀는 그를 본 사람이 있는지 물으며 온 도시를 헤맵니다. 맞고 상처 입고 겉옷을 빼앗긴 그녀는 밤새도록 비틀거리면서 신랑을 찾고 부르지만 아무 소용이 없습니다(아 5:2-6 참조).

제가 믿기로는, 매우 자주 주님은 관계가 더 깊어지기를 갈망하시면서 우리와 함께 시간을 보내려고 오시지만, 정작 우리는 휴식에 안주하며 깨끗한 채로 있는 것에 만족합니다. 일어나 더 깊이 나아가려는 노력을 그다지 하지 않습니다. 하지만 어떤 성도들은 놓쳤다는 것을 알아차리고는 일어나 다시금 찾아 나서기 시작합니다. 주변 환경에 아랑곳하지 않고 그분을 다시 찾을 때까지 결코 포기하지 않습니다.

얼마 후 신부는 예루살렘의 딸 몇 명을 만납니다. 사랑하는 자의 소식을 기대하며 그를 보았는지 묻습니다. 그녀가 얼마나 사랑에 빠져있는지 부끄럼 없이 이야기하며 그를 찾거든 반드시 알려주기를 부탁합니다.

그녀의 열렬한 갈망은 듣고 있는 이들에게 꽤 감명을 줍니다. 그녀의 말에 감동을 받은 그들은 그녀가 사랑하는 이가 어떤 사람인지 알고 싶어 합니다. 순간 그녀는 그가 얼마나 훌륭한지 상세히 설명하면서 그를 향한 사랑을 쏟아내기 시작합니다. 신부는 그와 비교할 수 있는 이는 아무도 없다고 말합니다. 그는 많은 사람 가운데 특출합니다. 그에 대한 모든 것은 감탄스럽습니다. 그녀는 그를 사파이어와 상아, 청옥과 황금에 비교합니다. 그를 향한 그녀의 사랑이 펼쳐지자, 여자들도 그를 만나기를 간절히 바라게 됩니다. 이제껏 이토록 훌륭한 사람에 대해 들어본 적이 없었기 때문입니다.

우리의 갈망이 다른 이들의 갈망을 불러일으킨다

오직 우리가 사랑하는 분과 맺는 깊고 개인적인 친밀함만이 다른 이들도 그분을 바라게끔 만들 수 있습니다. 그밖에 아무것도 만족시킬 수가 없습니다. 다른 그 무엇도 만족을 주지 못합니다. "영생은 곧 유일하신 참하나님과 그가 보내신 자 예수 그리스도를 아는 것이니이다"(요 17:3).

라오디게아 교회처럼 우리는 진짜 영적인 상태에 대해 눈이 멀어서 보지 못하게 되었습니다. 우리는 풍요와 부라고 부르는 것들에 만족하면서 '사랑하는 자'가 더 이상 우리 중에 계시지 않다는 사실을 감지하지 못한 채로 계속 나아가고 있습니다. 부디 하나님께서 우리를 정직하게 하셔서 우리의 진짜 상태를 알아차리게 하시기를, 그리고 모세처럼 만약 그분의 임재가 우리와 함께 가신다는 보장이 없이는 단 한 발짝도 더 내딛지 않게 해주시기를 바랍니다. 하나님의 목적을 이해하는 것은 중요합니다. 그러나 그분의 백성이 어떠해야 하는지 이해하는 것은 필수입니다!

하나님을 경외하는 법을 배우라 5장

지난 30여 년간 교회는 전례 없는 성령님의 운행을 목격했습니다. 엄청나게 많은 사람이 그리스도 안에서 거듭남을 경험했습니다. 나아가 일부에서는 은사주의의 갱생을 경험했고, 시들고 메말라 있던 영들은 하나님의 것들로 되살아나게 되었습니다.

세계 전역에서 성도들은 '새 포도주'를 찾아서 '낡은 포도주 부대'를 떠났습니다. 수천 개의 새로운 교회가 여기저기서 생겨나 기쁨이 넘치고 즉흥적인 찬양과 경배를 드려 전통적인 교회들과 구분되었습니다. 결국 은사주의 운동은 전 세계의 이목을 끌었습니다. 더 이상 작고 고립된 운동이라고 할 수 없었는데, 거의 모든 큰 교파가 그 영향력을 감지했기 때문입니다.

축복들과 문제들

그러나 많은 은사주의 그리스도인이 교파주의의 속박에서부터 자유를 꾀하면서, 결국 사람우상들demigods에게 복종하게 되어버렸습니다. 사람우상들은 교활하고 자기를 섬기게 하면서 누구에게도 책임지려 하지 않는 자들입니다. 건전한 가르침이 부족했던 어떤 이들은 온갖 종류의 이상한 교리와 신조의 덫에 빠지고 말았습니다. 어떤 경우에는 자유가 방종이 되었습니다. 경배는 들뜨고 과장됨으로 인해 쇠약해졌습니다. 찬양에 겉치레와 쇼맨십이 틈탔습니다. 오락거리가 중앙무대로 밀치고 들어왔고 기름 부음 받은 사역은 뒷자리로 밀려났습니다.

이제 은사주의 운동은 왔다 갔는데, 그 여파 속에서 사람들은 도대체 무슨 일이 일어났는지 의아해합니다. 교회는 더 나아지기는커녕 나아가야 할 방향에서부터 점점 벗어나 표류하는 것처럼 보입니다.

유명한 그리스도인 지도자들의 재정적·도덕적 타락은 매체의 머리기사가 되었습니다. 덜 알려진 다수의 지도자들이 상처받고 황당해하는 추종자들을 남겨둔 채 자진 사임하거나 어쩔 수 없이 사역을 내려놓아야 했습니다.

성도들은 묻습니다. "우리가 누구를 신뢰할 수 있겠어요?" 다시는 지도자를 못 믿겠다고 말하는 사람도 있습니다. 일부 은사주의자들은 그들이 처음에 나왔던 주류 교파로 되돌아갔지만, "이 정도면 됐어"라고 말하면서 단순히 포기해버리는 이들도 있습니다. 이들은 넌더리를 내며 말합니다. "교회에서 다시는 나를 볼 수 없을 거야."

난처한 질문거리가 많습니다. "부흥에 관한 그 모든 예언과 약속은 도대체 뭐였지? 20년 전보다 문제는 더 나빠진 것 같아. 이제 교회는 어떻게 해야 하지?" 어디에서고 그리스도인들은 벌어진 일들 때문에, 또 일어나지 않은 일들 때문에 혼란스러워하는 것 같습니다.

이렇게 극단적인 경우에도 불구하고 수많은 사람이 축복을 받고 변화되고 강건해진 것도 사실입니다. 대단한 축복이 있었습니다! 하지만 이제 교회는 새로운 시기로 진입하고 있습니다.

오늘날의 교회에 필적할 만한 이야기

이 모든 것을 어떻게 생각해야 합니까? 무슨 일이 벌어지고 있는 것입니까? 우리는 어디로 향해야 합니까? 성경 속에서 오늘날 교회가 겪고 있는 이러한 상황과 상응하는 것을 찾을 수 있을까요? 그렇다면 우리의 좌절과 당황스러움에 빛을 비춰줄 것입니다. 흥미롭게도 역대상 13장에서 16장까지 기술된 이스라엘 역사의 한 단면에서 필적할 만한 여러 통찰을 얻을 수 있습니다.

이 시기 이전에는 하나님의 임재와 용서하시는 사랑을 상징하는 언약궤가 영적 지도자들을 통해 하나님과 그분의 백성이 만나는 장소에 늘 있어왔습니다.

길이 4피트, 너비 2피트, 높이 2피트의 상자처럼 생기고 금으로 덮인 이 언약궤는 광야에서 이스라엘 백성의 성막 가장 깊은 성소, 곧 지성소에 놓여있었습니다. 지성소 안의 법궤 위로 가시적인 하나님의 임재인 쉐키나Shekinah 영광의 구름이 머물고 있었습니다.

이제 살펴보려고 하는 것은 언약궤의 역사가 선악을 아는 자체의 강렬한 특성과 일치했다는 것입니다. 이스라엘이 광야에서 여기저기를 유랑할 때에 언약궤는 주님의 임재의 상징으로서, 제사장들에게 들려 무리보다 앞서 갔습니다(신 1:33; 시 132:8 참조). 낮의 구름 기둥, 밤의 불 기둥과 함께 언약궤가 앞서 가면서 이스라엘에게 장막을 칠 장소와 다시 진행할 길을 알려줄 때에 그 신호를 알아보는 것이 얼마나 중요했겠습니까?(민 10:33; 신 1:33 참조) 언약궤의 존재로 요단 강이 이스라엘 앞에서 갈라졌고, 여리고에서는 성벽이 무너졌습니다(수 3:11-17; 6:4-20 참조).

이스라엘이 광야를 유랑하며 여기저기 옮겨 다닐 때 성막 자체는 해체한 후에 운반해야만 했습니다. 가나안에서 성막이 처음 있었던 곳은 아마도 길갈이었습니다(수 4:19 참조). 여호수아 생전에는 성막이 실로에 있었습니다.

이스라엘이 언약궤를 '행운'의 물품으로 삼아 주제넘게 에벤에셀 전쟁에 가져갔다가 거기서 승리한 블레셋이 탈취하기 전까지만 해도, 실로는 이스라엘의 중심 성소였습니다. 이스라엘의 대제사장이자 사사였던 엘리의 사악한 두 아들, 홉니와 비느하스가 희생 제물을 그들의 몫보다 더 많이 취하고 성막에서 음행을 행하여 제사장 직분을 욕보인 후에 죽임을 당했던 곳도 에벤에셀 전투였습니다(삼상 2:13-17; 4:17-18 참조).

블레셋은 7개월 동안 종양이 퍼져 처참하게 된 후에 겁에 질려 이 거룩한 궤를 수레에 실어 이스라엘로 되돌려보냈습니다(삼상 5-6장 참조).

암소가 끄는 수레가 블레셋 국경 근방 유다의 제사장 도시인 벧세메스에 도착했을 때, 레위인들은 놀라면서도 한편 고무되어 언약궤를 영접하고 여호와께 제사를 드렸습니다. 그러나 감히 언약궤 안을 들여다보는 불경함으로 인해 벧세메스 사람 칠십 명(혹은 그 이상)이 죽임을 당하자, 궤는 기럇여아림으로 보내져 아비나답의 집에 20년 동안 안치됩니다(삼상 6-7:1 참조).

후에 성막은 기브아 사울의 집 근처에 있는 놉에 세워졌습니다. 그러나 다윗을 도운 것 때문에 사울이 제사장들을 대량 학살한 후에(삼상 22:11-19 참조), 성막은 기브온으로 옮겨집니다(대상 16:39; 21:29).

사울은 이스라엘의 첫 번째 왕으로서 겸손하게 출발했지만 급속도로 자급적self-sufficient이 됩니다. 사울의 통치 40년 동안 한 번이라도 하나님의 궤에 대해 물어봤다는 기록이 없습니다. 사울은 자신의 어리석고 충동적인 판단에 의지하기로 선택하고 하나님의 명을 거부했습니다.

사울이 교화되기를 거절했을 때, 하나님께는 또 다른 왕을 세우는 것 말고는 다른 선택이 없었습니다. 겉으로는 여전히 사울이 다스리는 것 같았지만 하나님은 사울의 재위 기간에 사무엘을 보내어 다윗에게 기름 부으셨습니다. 다윗은 호의를 받으며 자랄 때나 나중에나 한결같았습니다. "환난 당한 모든 자와 빚진 모든 자와 마음이 원통한 자가 다 그에게로 모였고"(삼상 22:2a). 마침내 이스라엘이 찾던 지도력을 가진 인물로서 다윗이 사울을 대신하게 됩니다.

하나님의 임재를 향한 참을 수 없는 열망

앞에서 서술한 이러한 양상은 많은 교회에서도 분명하게 나타납니다. 사울형 지도력은 많은 사람 속에 실재reality에 대한 동경을 남겼습니다. 얼마나 학문적인지에 상관없이 '사울의 말'을 듣는 것에 만족하지 못하는 이들은 하나님의 임재를 사모해 견딜 수 없을 지경입니다. 사람의 방법들로 괴로움을 당하고 조직에 불만을 가진 그러나 하나님께는 은혜를 입은 성도들이 주님과 더 깊은 사귐을 가질 수 있는 지도력과 교회들을 찾고 있습니다.

이러한 오늘날의 많은 성도처럼 다윗은 하나님의 임재를 갈망했습니다. 그는 사울의 지도력 아래서 섬겼었고 그 지도력의 통탄스러운 약점들을 지켜보았습니다. 다윗은 하나님의 마음을 따르는 자가 되기로 결심하며, 만약 하나님의 임재가 거하시는 처소를 찾지 못한다면 집에 들어가지도 잠들지도 않겠노라고 결의했습니다(시 132:4-5 참조).

이 이야기를 잘 알고 있으리라 확신하지만 그래도 여러분을 위해 요약해보겠습니다. 다윗은 일단 왕이 되자 즉시로 언약궤를 마땅한 곳으로 되돌려놓는 일에 착수했습니다. 당시 궤는 아비나답의 집에 수년 동안 격리되어있었고 이스라엘의 예배는 중단된 상태였습니다. 다윗은 지휘관과 지도자들과 논의한 후에 온 회중에서 말했습니다. "우리가 우리 하나님의 궤를 우리에게로 옮겨오자 사울 때에는 우리가 궤 앞에서 묻지 아니하였느니라"(대상 13:3). 다윗은 온 백성의 전적인 동의를 얻어 그 궤를 되가져오는 계획에 열광적으로 착수했습니다.

다윗과 온 이스라엘이 기럇여아림으로 갔습니다. 그들은 아비나답의 집에 당도하여 궤를 '새 수레'에 싣고 예루살렘으로 출발했습니다. 다윗과 그 백성은 온 힘을 다해 하나님 앞에서 흥겹게 환호하며 노래를 부르고 악기를 연주했습니다.

다윗은 감격적으로 궤를 운반하긴 했지만 그 바른 방법을 하나님께 구하지는 않았습니다. 그렇게 했더라면 그는 이스라엘이 광야를 통과할 때에 어디로 가든지 성막은 해체하여 수레에 싣고 이동했던 것이나 언약궤라고 하는 이 거룩한 물품은 제사장들이 어깨에 메고 운반하도록 하나님께서 명령하셨다는 것을 배웠을 텐데 말입니다(민 7:3-9 참조).

아시다시피 정교하게 만든 휘장이 지성소와 성소를 구분하고 있었고, 이스라엘이 다른 장소로 이동할 때에 이 신성한 궤는 대제사장과 그의 아들들이 휘장으로 덮어 보이지 않게 했습니다. 그런 다음 막대기를 끼워 제사장들이 어깨에 메고 운반할 수 있게 했습니다(신 4:5-6). 결론적으로 궤는 보통 대제사장만이 그것도 아주 특별한 의식적인 절차가 있는 경우에만 보게 되었습니다.

하나님께서는 이 궤가 오직 레위인들에 의해서만 운반되어야 한다고 명백하게 명령하셨습니다. 게다가 하나님은 레위인일지라도 궤를 만지는 것을 엄격하게 금지하셨는데, 만약 만졌다가는 죽게 되었습니다(민 4:15).

이스라엘의 하나님의 명령과 방법들에 완전히 무지했던 이방 족속 블레셋이 궤를 수레에 실어 이스라엘로 돌려보냈는데, 하나님께서는 이를 허락하셨습니다. 하지만 다윗은 무지한 이방인이 아니었습니다.

다윗과 이스라엘의 영적 지도자들은 당돌하게 행동하는 대신에 주님의 뚜렷한 지시를 구하기 위해 시간을 들여 율법을 연구하고 하나님께 물어야 했다는 것을 잘 알고 있었을 것입니다.

흔들림의 장소

얼마간은 모두 잘 진행되었습니다. 하나님은 그분의 자비로 이 시점에서 궤를 수레로 옮기는 것을 허락하셨습니다. 백성은 기쁨에 겨워 악기를 가지고 주님 앞에서 송축했습니다. 사울의 방법들과 얼마나 대조적입니까. 이것이 바로 실재하는 것이었습니다. 하나님께서 그들 한복판에 계셨습니다. 그들 대부분에게 이는 새로운 경험이었습니다.

행복에 겨운 이 송축이 얼마나 계속됐는지 모르겠지만, 기돈의 타작마당에 이르렀을 때 모든 것이 잘못되기 시작했습니다. 수레를 끌던 황소들이 갑자기 비틀거리자 수레도 흔들흔들 기울었습니다. 수레를 몰던 웃사가 손을 내밀어 궤를 붙들었습니다. 땅으로 떨어지지 못하게 하려는 의도였습니다. 웃사가 궤를 만진 것은 하나님의 진노를 일으켰고 하나님께서 그를 치셨습니다. 그 즉시 웃사는 죽었습니다.

공황상태에 빠진 군중은 뒷걸음질쳤습니다. 낮게 중얼거리는 소리가 충격으로 인한 정적을 깨트릴 뿐이었습니다. "무슨 일인지 봤어요? 저런! 웃사가 완전히 나자빠졌네요. 의식을 잃은 게 분명해요. 어머…죽었어요!"

하나님의 심판이 왜 그렇게 엄중했는지 아십니까? 만사가 매우 잘 진행되는 것 같았습니다. 경축하는 무리들이 타작마당에 이르기 전까지만 해도 말입니다. 타작마당은 흔들림이 시작된 곳입니다.

하나님을 경외하지 않음

왜 이 소들은 타작마당에 이르렀을 때 비틀거렸습니까? 무엇보다도 타작마당은 평지였고, 하나님께서 소들이 안정되게 할 수 있으셨는데 말입니다.

여기에 엄청난 교훈이 있습니다. 타작마당은 분리의 장소, 알곡이 껍질에서부터 분리되는 장소였습니다. 물론 이는 우연의 일치가 아니었습니다. 하나님은 결코 쉽게 짜증을 내는 분이 아니십니다. 그분은 그분이 하실 일을 정확히 알고 계셨습니다.

이스라엘의 왕으로서 이제 막 출발한 다윗은 매우 귀중한 교훈을 배워야만 했습니다. 그의 동기에 의심의 여지가 없었던 것으로 충분하지 않았습니다. 그의 방법은 명백히 잘못되었고, 하나님은 그가 교훈을 배워서 변화되기 전에는 계속 진행하도록 허락하지 않으셨습니다.

다윗의 즉각적인 반응은 분노였습니다. "하나님, 제가 주님을 높이고 찬양하기 위해 최선을 다하고 있는데, 주님은 단지 궤를 만졌다는 이유로 한 사람을 쳐서 죽이셨습니다! 이것이 주님을 향한 제 갈망의 결과입니까? 사람들이 주님의 임재를 구할 때에 벌어지는 일이 이런 것입니까?" 벌어진 일을 숙고할 때에 이러한 생각들이 다윗의 머릿속에 가득했을 것이 분명합니다.

그러나 그 분노는 즉각 두려움으로 바뀌었다고 성경에 기록되어있습니다. "그날에 다윗이 하나님을 두려워하여 이르되 내가 어떻게 하나님의 궤를 내 곳으로 오게 하리요 하고"(대상 13:12). 다윗은 어긋났었고 이제 두려워합니다. 그러나 감사하게도 주님의 임재를 향한 그의 견딜 수 없는 갈망은 끊어지지 않았습니다.

여기서 무슨 일이 벌어지고 있었는지 아십니까? 하나님께서 다윗을 바로잡아주고 계셨습니다. 성숙의 과정이 진행되고 있었습니다. 다윗은 새로운 빛으로 하나님을 보기 시작했고, 주를 향한 거룩하고 더 깊은 경외감이 그에게 임했습니다.

하나님은 다윗에게 이렇게 말씀하고 계셨습니다. "나는 너와 내 백성이 과거에 하던 대로 계속하는 것을 허락하지 않을 것이다. 나는 나의 임재와 나의 방법들에 대한 새로운 존경과 새로운 경외함을 요구하고 있다."

하지만 웃사는 어떻습니까? 여러분도 아마 저처럼 그를 꽤나 가엾게 여겼을 것입니다. 그는 왜 그렇게 심하게 벌을 받았을까요? 도대체 이 불쌍한 남자는 누구였습니까?

이 질문에 대한 답은 정말로 우리의 눈을 뜨게 해줍니다. 사무엘상 7장 1-2절과 사무엘하 6장 3-4절에서 잃어버린 퍼즐 조각을 찾을 수 있습니다. 블레셋 족속이 돌려보낸 하나님의 궤를 자기 집에서 관리했던 아비나답을 기억하십니까? 웃사는 아비나답의 아들 중 한 명이었습니다. 웃사는 언약궤가 20년 동안이나 머물렀던 집에서 성장했습니다.

언약궤가 웃사에게는 평범한 것이 되었습니까? 이 하나님의 물건과 지나치게 친숙해진 것일까요? 그는 하나님의 임재와 능력을 그저 당연하게 여겼었나요?

웃사가 그랬었다는 것을 이 이야기에 대한 선지자 사무엘의 평가에서 알 수 있습니다. 사무엘은 웃사가 그의 '경외치 않음' 때문에 죽었다고 말해줍니다(삼하 6:7 참조, 개역개정 "잘못함으로 말미암아"에 해당하는 NSAB "for his irreverence"를 역자 번역).

우리는 왜 영적인 지도자들이 좌로나 우로 실족하는 것을 보고 있습니까? 일부 우뚝 솟은 크리스천 시설들이 산산이 무너지는 이유는 무엇입니까? 저는 교회가 타작마당에 접근하고 있고, 하나님께서 어떤 두드러진 흔들림을 허락하고 계신다고 확신합니다. 이제 일들은 이전에 했던 방식대로는 쉽게 진행되지 않을 것입니다. 하나님께서 알곡을 껍질에서 분리시켜 드러내기 시작하셨습니다. 주님은 우리의 주의를 얻기 위해 몰아붙이고 계신데, 우리가 그분을 향한 두려움과 그분의 방법들에 대한 경외와 존경을 상실했기 때문입니다.

다윗과 이스라엘 백성처럼 우리도 다 잘못했습니다. 하나님은 송축을 요구하시는 것이 아닙니다. 그분은 성화(聖化, sanctification)를 찾고 계십니다. 의로움이 빠진 찬양은 주님께 받아들여질 수가 없습니다.

거룩함으로 돌아가기

웃사가 하나님의 치심을 당한 후에 행진은 중단됐습니다. 언약궤는 레위인 오벧에돔의 집으로 방향을 바꿔 거기서 석 달을 있었고 그 기간에 오벧에돔은 매우 번창했습니다(대상 13:14 참조).

반면 다윗은 깊은 자기-성찰을 했습니다. 그는 예루살렘의 수도에 하나님의 궤를 둘 곳을 준비하고 장막을 쳤습니다(대상 15:1, 2; 삼하 6:12). 그러나 이스라엘의 옛 성막은 기브온에 그대로 두었고, 솔로몬의 때까지 그곳은 놋 제단에 제물이 바쳐지는 장소로 남아있었습니다(대상 16:39; 대하 1:3).

잠깐 멈춰 생각해봅시다. 다윗이 만약 처음에 궤를 가져오는 데 성공했다면 어떻게 되었을까요? 궤가 다시 들어오는 것(회복)에 대해 아무런 준비도 없었을 것입니다. 하지만 준비는 하나님의 임재 회복에 본질적인 사항입니다.

예수님의 선두주자로서 세례 요한의 목적을 기억하십니까? 그는 엘리야의 영과 능력으로 예수님보다 앞서 가야 했습니다. "…아버지의 마음을 자식에게 거스르는 자를 의인의 슬기에 돌아오게 하고 주를 위하여 세운 백성을 준비하리라"(눅 1:17). 주를 위해 사람들을 준비시키는 것이 요한의 반복되는 사명이었습니다.

> 광야에서 외치는 자의 소리가 있어 이르되 너희는 주의 길을 준비하라 그의 오실 길을 곧게 하라 모든 골짜기가 메워지고 모든 산과 작은 산이 낮아지고 굽은 것이 곧아지고 험한 길이 평탄하여질 것이요 모든 육체가 하나님의 구원하심을 보리라(눅 3:4b-6)

우리는 하나님의 임재를 매우 갈망한다고 말합니다. 하지만 먼저 주님의 길을 반드시 준비해야 합니다. 그렇지 않으면 비틀거림과 내려치심이 임할 것입니다.

성경에 기초한 상담과 축사, 내적 치유는 전혀 잘못된 것이 아닙니다. 믿음에 관한 균형 잡힌 가르침에도 역시 잘못된 것은 없습니다. 그런데 교회가 이런 것들에 점령당하고 말았습니다. 회개는 어떻게 되었습니까? 거룩과 성화에는 도대체 무슨 일이 생겼습니까? 믿음도 훌륭하지만, 순종은 어디로 갔습니까? 하나님의 말씀에 따르면 하나님 안에서 믿음의 최종 시험은 순종입니다(삼상 28:18 참조).

다윗은 이러한 교훈을 배웠습니다. 다윗은 하나님의 궤를 다시 가져오려고 두 번째 수고를 시작하기 전에 그것을 둘 장소를 준비하고 자신의 과오를 회개했습니다. 그런 다음 운반해오기로 결정하고 자신의 좋은 생각이 아니라 하나님의 명령에 순종하기로 결심했습니다. 다윗이 선포했습니다. "레위 사람 외에는 (아무도) 하나님의 궤를 멜 수 없나니 이는 여호와께서 그들을 택하사 여호와의 궤를 메고 영원히 그를 섬기게 하셨음이라"(대상 15:2).

지도자들을 성결하게 하기

다윗은 이제 주님의 지시에 따라 궤를 운반하도록 준비된 성결한 지도자들이 필요하다는 것을 알게 되었습니다.

다윗이 제사장 사독과 아비아달을 부르고 또 레위 사람…그들에게 이르되…너희와 너희 형제는 몸을 성결하게 하고 내가 마련한 곳으로 이스라엘의 하나님 여호와의 궤를 메어 올리라(대상 15:11-12)

이 지도자들은 하나님의 임재를 운반할 수 있도록 먼저 자신을 정결하게 해야만 했습니다. 이사야는 "여호와의 기구를 메는 자들이여 스스로 정결하게 할지어다"(사 52:11)라고 경고합니다.

다윗처럼 오늘날의 교회도 하나님께서는 수단이 아니라 사람들에게 기름 부으신다는 사실을 반드시 배워야 합니다. 그분의 임재는 프로그램들이 아니라 사람들 위에 임합니다. 다윗처럼 교회는 그분의 뜻과 그분의 시간표, 그분의 방법을 알기 위해 하나님을 찾아야 한다는 것을 배워야만 합니다. 다윗이 제사장들과 레위인들에게 설명했습니다. "전에는 너희가 메지 아니하였으므로 우리 하나님 여호와께서 우리를 찢으셨으니 이는 우리가 규례대로 그에게 구하지 아니하였음이라"(대상 15:13).

자칫하면 여러분과 저도 이와 동일한 실수에 걸려들 수 있습니다. 좋은 것은 가장 좋은 것의 적입니다. 고요하고 작은 하나님의 음성이 우리의 이유들로 가려져 있습니다. 특정한 상황에 갇혀버린 문제를 푸는 열쇠는 하나밖에 없다고 생각해서, 우리는 맹목적으로 이 영역에서 다른 사람들이 이룬 '성공들'을 따릅니다.

여러분은 기름 부으심보다 더 많은 '활동적인 덫'을 가진 교회에 다녀본 적이 있으십니까? 능력보다 더 많은 프로그램이 있는 교회도 있습니다. 목사가 대부분의 설교를 세미나와 서적, 다른 누군가의 테이프에서 가져오는 교회도 있습니다. 사람들이 '지도자들을 먹이고 돌보느라' 너무 바빠서 진짜 사역의 일들을 할 시간이 없는 교회도 존재합니다.

우리는 스스로 하나님께 들어야 합니다. 단순히 엎드려 그분의 임재 안에서 은혜를 입어야 합니다. 우리 중 너무 많은 사람이 결코 자신에게 의도되지 않은 하나님의 짐을 지고서 운반하고 있습니다. 우리는 일을 더 많이 할수록 상급이 더 커질 것이라는 생각에 속고 있습니다. 이런 식의 생각은 비참한 결과를 낳을 수 있습니다. 결혼과 가정의 깨어짐, 신체적 탈진, 끊이지 않는 교회 일정과 업무 모임에 따른 스트레스로 인한 문제 등등. 지도자들의 모든 시간이 프로그램에 쏠릴 때 결과적으로 모든 사람이 대가를 치르게 됩니다.

열쇠 찾기

하나님께 듣는 것이 참된 성공의 유일한 열쇠입니다. 아모스가 기근이 오는 것에 대해 어떻게 경고했는지 기억하십니까? 빵이나 물의 기근이 아니라 하나님을 듣는 것에 대한 기근이었습니다(암 8:11 참조). 하나님의 '음성' voice이 아니라 하나님의 음성을 '듣는 것' hearing에서의 기근이었음을 주목하십시오.

여러분은 그분의 음성을 어떻게 듣습니까? 그분의 임재 안에서 홀로 시간을 보내며 듣지 않으십니까? 우리 중 일부는 하나님의 음성을 듣고 그분의 뜻을 분별할 때까지 개인의 일정과 프로그램에 속한 것들을 중

단해야 할지도 모릅니다. 솔로몬이 관찰하였듯이 "철 연장이 무디어졌는데도 날을 갈지 아니하면 힘이 더 드느니라…"(전 10:10) 날을 갈기를 미루면 미룰수록, 더 많은 힘과 더 많은 시간, 더 많은 에너지가 들 것입니다. 연장을 날카롭게 하는 유일한 방법은 날이 다시 예리하게 회복될 때까지 사용을 멈추는 것입니다.

하나님의 임재가 얼마나 큰 차이를 만드는지 모릅니다. 예수님이 말씀하셨습니다. "…내게 배우라 그리하면 너희 마음이 쉼을 얻으리니 이는 내 멍에는 쉽고 내 짐은 가벼움이라"(마 11:29-30). 산들은 그분의 임재 앞에서 밀랍처럼 녹습니다(시 97:5 참조). 우리의 자원에 의존하는 대신에 하나님의 생각을 알고자 오직 그분을 찾을 때 가장 큰 장애물은 대부분 '녹아내릴' 것입니다.

바른 토대 놓기

타작마당들에서 다윗은 주제넘음과 자기를 의지하는 것이 얼마나 어리석고 쓸모없는지에 대한 매우 큰 교훈들을 배웠습니다. 첫 번째는 나곤의 타작마당에서 벌어진 웃사의 사건입니다(삼하 6:6-7 참조). 오르난의 타작마당에서 주님의 천사와 있었던 사건이 두 번째입니다(대상 21:15).

다윗이 이스라엘을 계수했을 때 이 왕이 인력 자원을 의지하는 것을 하나님께서 얼마나 불쾌하게 여기셨는지 여러분은 기억할 것입니다. 결과적으로 하나님은 이스라엘에 역병을 보내 칠만 명을 죽이셨습니다. 주님의 천사가 막 예루살렘을 멸하려고 하였는데, 다윗은 그의 선견자 갓에게서 천사가 곁에 서있는 오르난의 타작마당에 제단을 세우라는 지시를 받았습니다. 다윗이 번제와 화목제를 바치고 주님을 부르자 하나님께서 하늘로부터 제단 위로 불을 내려 응답하셨습니다. 그리고 주님은 보복하는 천사에게 심판을 그만하라고 명하셨습니다.

이때 다윗이 말했습니다. "이는 여호와 하나님의 성전이요 이는 이스라엘의 번제단이라"(대상 22:1). 다윗이 오르난에게서 구입한 타작마당의 자리는 나중에 솔로몬이 그 위에 성전을 세우는 토대가 되었습니다(대하 3:1).

이 원리를 붙잡는 것이 매우 중요합니다. 성전의 토대는 타작마당, 곧 분리의 장소였습니다. 우리말로 '교회' church라는 단어가 유래한 '에클레시아' Ekklesia는 '밖으로 불러냄' a calling out from이라는 뜻입니다.

그런데 이 분리의 메시지가 오늘날에는 왜 그리 인기가 없습니까? 건강과 부, 재산에 대해서는 많이 들을 수 있지만, 악에서부터 분리되어 하나님께로 선별됨을 의미하는 거룩과 성화에 대해서는 더 이상 들을 수 없습니다.

다윗과 그 지도자들, 그리고 그 시대의 백성처럼, 우리도 주님의 임재에 대해서는 경외감을, 악에 대해서는 증오심을 갖게 하는 거룩한 두려움으로 돌아서야 합니다.

> 그러므로 너희는 그들 중에서 나와서 따로 있고 부정한 것을 만지지 말라 내가 너희를 영접하여 너희에게 아버지가 되고 너희는 내게 자녀가 되리라 전능하신 주의 말씀이니라 하셨느니라(고후 6:17-18)

이 말씀은 확실히 이 시대를 향한 메시지입니다.

웃사의 과실에서 배우기

자, 그러면 은사주의 운동의 여파 속에서 교회에 무슨 일이 벌어지고 있는지 살펴봅시다. 저는 하나님께서 우리의 주의를 끌고자 교회, 특별히 지도자들을 흔들고 계신다고 믿습니다. 어린아이 같은 방법으로는 거룩하고 성결한 삶으로 이끄시는 하나님의 부르심을 진지하게 받아들일 수가 없습니다. 영성은 도덕성에서 분리될 수 있는 것이 아닙니다. 우리 하나님은 우리 인생의 전 영역에서 그분께 합당한 장소를 찾으시는, 질투하는 분이십니다.

웃사의 과실은 자라서 성숙한 영적 어른이 되기를 바라는 모든 이에게 교훈이 되어야 합니다. 무심결에 드러나는 경외치 않음과 범사에 그분을 인정하면서 주님의 얼굴을 구하는 것에 실패하는 것 때문에, 하나님의 심판이 그분의 집으로 떨어지고 있습니다. 그러나 심판의 한가운데에서도 하나님은 그분의 백성에게 은혜로우십니다. 하나님은 경외치 않음을 회개하고 우리를 구별하여 순결하라고 부르시면서 자비의 손을 펼치고 계십니다.

더 이상 실수를 저지르지 맙시다. 당시 하나님의 임재를 구하는 자들에게 세례 요한이 했던 단호한 경고는 우리에게도 적용됩니다. 우리 또한 그분의 타작마당에 접근하고 있기 때문입니다.

손에 키를 들고 자기의 타작마당을 정하게 하사 알곡은 모아 곳간에 들이고 쭉정이는 꺼지지 않는 불에 태우시리라(눅 3:17)

낭비할 시간이 없습니다. 개인적으로는 여러분과 제가, 집단적으로는 하나님의 교회가 반드시 하나님 앞에 엎드려 회개하며 그분께 부르짖어야 합니다. 우리는 주님의 길을 준비해야만 합니다!

FOR GOD'S SAKE GROW UP!

주님의 길을 예비하라 6장

운전자들은 알래스카 간선도로가 얼마나 울퉁불퉁한지 불평하곤 합니다. 하지만 이 도로를 만든 사람들이 얼마나 고생했는지를 알면 불평하지 못할 것입니다.

1992년에 길이 1442마일의 알래스카 간선도로는 완공 50주년을 기념했습니다. 1865년에 이런 길을 만들자는 진지한 제안이 나오기는 했지만, 도로 건설이 본격적으로 실행에 옮겨진 것은 온몸이 으스러질 정도의 오토바이 시범 여행과 진주만 폭격이 있은 후였습니다.

프랭클린 루스벨트Franklin Roosevelt 대통령의 전쟁성 차관보였던 루이스 존슨Louis Johnson이 알래스카 지대를 상공에서 보았는데 너무 울퉁불퉁해서 사람들이 말을 끌 수조차 없을 것이라고 말하자, 알래스카의 시굴자이자 개썰매를 끌던 C.C. 윌리엄스C. C. Williams는 존슨에게 오토바이를 타고 그 길을 완주할 수 있으리라고 내기를 걸었습니다.

1939년 5월, 윌리엄스와 존 로건John Logan이라는 이름의 25세 청년은 오토바이를 타고 알래스카 패어뱅크를 출발해 2,300마일 떨어진 시애틀로 향했습니다. 윌리엄스가 내기 상대인 존슨을 결국 이기긴 했지만, 201일간의 여행은 악몽과 같았다고 밝혔습니다. 처음 90마일은 괜찮았지만, 그 다음 150마일을 주행하는 데만 두어 달이 소요되었습니다. 이들은 대부분 오토바이를 밀면서 가야 했습니다. 쓰러진 나무와 무성한 수풀이 길을 가로막았고, 오토바이 바퀴는 사람이 발을 잘못 디디기라도 하면 가라앉을 수도 있는 몹시 위태로운 습지에 자주 처박혀버렸습니다.

급물살의 하천과 강을 수십 개를 건너야 했습니다. 때로는 뗏목을 만들어 그 위에 오토바이를 싣고 필사적으로 노를 저어야 했습니다.

출발 후 6개월 반 만에 수척해진 두 남자가 덜거덕거리며 시애틀에 도착했는데, 이들은 자신들의 여정이 알래스카에 간선도로를 놓는 것이 실행 가능함을 입증하는 것이라고 선포했습니다.

그 후 도로 건설에 대한 논의는 일단 가라앉았다가 2년 뒤 일본이 진주만을 폭격했을 때 다시 떠올랐습니다. 루스벨트 대통령과 참모진들은 알래스카의 항구 도시가 봉쇄당하고 전면 침략을 당할지도 모른다는 두려움에, 힘들고 비용이 많이 들더라도 간선도로 건설을 하기로 결정했습니다.

1942년 3월, 조사원들이 현지 사냥꾼들의 안내를 받으며 길을 따라

조사를 시작했고, 6월까지 약 만여 명의 미국 병사가 이 울퉁불퉁한 지대를 가로질러 도로 건설을 진척시켰습니다. 공사가 시작되고 오래지 않아 임시로 만든 뗏목이 가라앉는 바람에 군인 열한 명이 익사하고 말았습니다. 연이은 참사에도 불구하고 공사는 아주 빠른 속도로 계속 진행되었습니다.

민간 인력을 모집하는 한 유명 광고는 신청자들에게 다음과 같은 주의를 주었습니다.

> 소풍이 아닙니다! 이 일에 고용되는 사람은 상상할 수 있는 가장 극적인 환경에서 일하고 생활해야 합니다. 기온은 화씨 최고 90°에서 최저 -70°까지입니다. 근로자는 늪지와 강, 얼음과 추위와 싸워야 합니다. 모기와 파리, 각다귀는 단지 귀찮은 수준이 아니라 인체에 해악을 가져올 수도 있습니다. 만약 당신이 이러한 환경에서 일할 준비가 되어있지 않다면 지원하지 마십시오.

이 프로젝트의 하사관으로 임명됐던 클리프턴 몽Clifton Mon은 노동자들이 화씨 -70°(섭씨 -56°)까지 내려가는 기온을 견뎌야 했던 1942년부터 1943년까지의 겨울을 이렇게 회상합니다.

> 밤에 담요 속에서 숨을 쉬면 곧바로 얼음이 되었습니다. 맨손으로 어떤 금속을 만지기라도 하면 피부가 떨어져나갔는데 아픔조차 느낄 수가 없었죠. 우리는 밤새 트럭 아래서 계속 불을 지펴야만 했습니다. 그렇지

않으면 아침에 차가 움직이지 못했거든요.

만년 얼음 습지를 덮고 있는 넓게 퍼진 해면과 고인 물, 이탄과 같은 유기체적 문제로 발생하는 곤경보다 근로자로 지원하는 사람이 거의 없다는 것이 더 큰 문제였습니다. 노동자들이 습지에 빠지지 않고 건너기 위해 자갈을 채우고 통나무 층을 까는 법을 배우는 데 일주일 이상이 걸렸습니다. 습지 표면과 노상의 내려앉은 곳에 헤아릴 수 없을 만큼 많은 통나무를 엇갈리게 놓아야 했습니다. 모든 통나무는 주변 숲에서 직접 손으로 베어 와야 했습니다.

드디어 1942년 11월 20일, 공사가 시작되고 8개월 12일 만에 도로는 공식적으로 개통했습니다. 연중 통행이 가능하기까지는 이후 11개월의 추가 작업이 필요했습니다. 개통 직후뿐 아니라 이후 수년간 교각들이 봄, 여름이면 물에 휩쓸려 떠내려갔습니다. 1943년 7월 10일에는 하루에만 교각 40개가 파괴되어 떠내려갔습니다.

오늘날 알래스카 간선도로는 평균 한 해에 4만 대의 차량이 이용합니다. 지금은 도로의 약 90%가 포장되어있고, 오래된 진창길은 해마다 몇 마일씩 새로 포장하거나 정돈하며 아니면 아예 교체해버립니다. 이제 이 도로는 매우 편해졌는데, 여기서 발생하는 대부분의 사망 사고는 다음 둘 중 한 가지 원인 때문일 수 있습니다. 덩치 큰 말코손바닥사슴을 들이받았거나 운전 중에 졸았거나.

이 간선도로에 설치된 한 화장실 벽에는 별난 시 한 편이 평생 지워지지 않을 것처럼 휘갈겨져 있습니다. "바람이 불어왔다 불어간다 / 누군가 몇 가지 의문을 갖기 시작한다 / 이 도로를 건설한 시골뜨기에 대해서 / 그는 지옥으로 갔을까? / 아니면 지옥에서 나간 것일까?[6]

주님의 길을 준비하기

알래스카 간선도로처럼 건설하기가 어려운 도로는 별로 없다손 치더라도, 선구자의 개척과 도로 건설은 다를 것이 없습니다. 전장에서 승리하고 귀환하는 고대의 동양 왕들은 종종 왕과 그의 군대를 위해 길을 준비하도록 파견단을 앞서 보냈습니다. 필요하다면 파견단은 왕의 귀환을 방해하고 지연시키는 어떤 장애물이라도 제거했습니다. 산들은 평지가 되었고, 도랑과 골짜기는 메워지고, 구부러진 길과 선로는 곧게 되었으며, 거친 곳은 부드럽게 되었습니다. 이 작업이 빨리 완수될수록 백성은 오래 기다렸던 왕을 더 빨리 볼 수 있었습니다.

이를 염두에 두고서, 세례 요한이 누가복음 3장 4-6절에서 자기 사역의 임무를 설명하려고 언급한 구절을 살펴봅시다.

> 광야에서 외치는 자의 소리가 있어 이르되 너희는 주의 길을 준비하라 그의 오실 길을 곧게 하라 모든 골짜기가 메워지고 모든 산과 작은 산이 낮아지고 굽은 것이 곧아지고 험한 길이 평탄하여질 것이요

---

[6] John Krakauer, "Ice, Mosquitos and Muskeg-Building the Road to Alaska", *Smithsonian* (1992년 7월), pp.102-110.

분명히 이 구절은 거룩한 땅을 뚫고 지나갈 대로 개발 프로그램과는 아무 상관이 없습니다. 요한이 인용한 구절의 원 성경인 이사야 40장에서 실마리를 찾을 수 있는데, 그 바로 다음 구절은 이렇습니다. "여호와의 영광이 나타나고 모든 육체가 그것을 함께 보리라…"(사 40:5)

이 지구 상에 살고 있는 모든 사람을 의미하는 단어로 사용한 '모든 육체'에게 하나님은 그분의 영광을 나타내시기를 원하셨습니다. 이 단어가 '나의 모든 육체'를 뜻할 수도 있다고 저는 생각합니다. 매일 죄를 짓고 하나님의 것들에 무척이나 반대하는 저의 연약한 인간성 안에, 그 모든 약함과 모든 견고한 진에 하나님은 그분의 영광을 나타내시기를 원하십니다.

단지 죄가 용서받았다고 해서 저의 성품과 본성이 자동적으로 그리스도의 형상을 본받았다고 보장해주는 것은 아닙니다. 반드시 저의 마음과 그리스도인으로서 저의 행실을 면밀히 살펴야 합니다. 그리고 이렇게 자문해보아야 합니다. "내 삶 속에 하나님의 영광이 드러나는 것을 방해하는 어떤 산들이 있는가? 그분의 메시지와 그분의 나타나심이 확산되는 것을 저지하는 언덕과 골짜기, 거칠거나 구부러진 곳이 있는가?"

〈높은 산과 낮은 산〉

여러분의 삶에 하나님의 영광이 다른 이들에게 나타나지 못하게 만드는 것이 있습니까? 여러분의 '높은 산' 인 교만과 기만, 거만함이 언제나 여러분을 고무하고 찬양하려고 하지 않습니까? 여러분의 성품에 어렴풋이 보이는 높은 마음과 반역, 완고함의 높은 산과 낮은 산이 하나님의 영광의 확산을 가로막고 있지는 않습니까?

〈골짜기〉

골짜기 역시 주님의 길을 준비하는 데 문제를 일으킬 수 있습니다. 여러분은 무가치함과 좌절감을 극복하고 있습니까? 자연적·영적 세계 모두에서 여러분을 위축시키는 열등감과 두려움에 속박되어있지는 않습니까? 외로움과 근심, 절망의 낮은 곳으로 가고 있지는 않습니까? 골짜기는 너무 그늘지고 어두워서 하나님의 빛이 무척 희미하게만 비칠 수 있습니다. 골짜기는 하나님의 영광이 머물지 못하는 걸림돌입니다.

〈구부러짐〉

여러분은 '흠 없음'이 결핍되지는 않았습니까? 여러분이 바라는 결말을 이루어내기 위해서라면 어떤 수단이라도 마음대로 사용하려고 하면서 말입니다. 입술로 구원을 간증하지만 '여러분들 생각'에 구원받았다고 여겨지는 이 세대처럼 '구부러지고' 뒤틀어진 삶을 살지는 않습니까? 여러분이 하나님의 길과 반대로 살고 있는데 어떻게 하나님의 본성인 그분의 영광이 나타날 수 있겠습니까?

〈거칠음〉

여러분의 성질은 거칠고 딱딱합니까? 날카로운 말과 부주의한 행동으로 다른 이들을 공격하십니까? 친절함보다는 가혹함이 여러분의 삶을 지배합니까? 진실을 말한다고 하면서 사랑 안에서 말하지 않고 있습니까? 여러분의 신랄함과 무자비함이 다른 이들을 넘어지게 만듭니까? 여러분의 거친 부분이 다루어져야 왕의 아름다움이 삶을 통해 나타날 수 있습니다.

〈욕되게 할 것인가, 아니면 드러낼 것인가?〉

그리스도를 닮은 성품은 참된 경건의 본질입니다. 지혜로운 누군가가 말했듯이, "만약 성품에 실패하면 모든 것에 실패합니다." 그리스도의 이름을 욕되게 할지 아니면 드러낼지, 그 선택권은 여러분과 제게 주어졌습니다.

주님의 성령이 그리스도의 성품을 본받게 하시고 그분의 아름다운 자질을 나타내시면서 육적인 인간성 안에 있는 모든 높고 낮은 것과 모든 뒤틀어지고 전복된 것을 정복하실 때에, 주님의 영광이 우리를 통해 드러날 것입니다. 그러면 우리 주변에서 어둠 속에 살고 있는 모든 이가 빛으로 끌려올 것입니다.

주의 사항: 대로 건설 중

주님, 지금 주님 앞에서 저를 낮춥니다. 주님의 영광의 길을 가로막고 주님의 성령의 바람과 생명을 주시는 비를 방해하는 교만과 불손한 자기-칭송의 높은 산을 가진 저를 용서해주세요.

저로 하여금 어려움들을 극복하게 하시고 성취와 성공을 즐기게 하심은 저의 정력적이고 힘쓰는 수고와 완벽주의가 아니라, 제 삶에 내리신 당신의 은총과 선한 손길로 인함입니다. 높은 마음과 반역, 완고함의 모든 높은 산과 모든 언덕을 낮추어주소서. 제 삶 속에서 주님을 아는 것에 대적하여 세워진 모든 높은 것과 솟아난 것을 파쇄하여주소서. 저는 반드시 쇠하여야 하겠고, 주님은 반드시 흥하셔야 합니다.

사랑하는 하나님, 오셔서 제 삶의 골짜기들을 메워주세요. 걱정과 두려움, 열등감이 저의 머리를 통해 흐르는 강물처럼 수로와 골짜기, 계곡들에 침투해 저의 다른 모든 생각을 고갈시켰습니다. 실패로 인한 절망과 우울에 빠진 저를 용서해주세요. 주님의 한결같은 신실함을 바라는 믿음이 부족한 것도요.

당신의 임재와 저를 향한 당신의 신성한 목적이 아닌 다른 무엇으로 제 삶 속의 외롭고 비어있는 곳을 채우려고 한 것에 대해 용서해주소서. 주님에 대한 저의 모든 염려를 떨쳐버리도록 저를 가르쳐주소서. 하나님, 오셔서 이 골짜기들을 채워주세요.

오, 아버지, 제 삶에 구부러진 것들은 무엇이라도 곧게 펴주시기를 부탁드리나이다. 제가 진실을 비틀고, 현실을 왜곡한 것과 도덕적으로 비뚤어지고 우선순위와 가치들을 헝클어트린 것을 용서하소서. 유혹이 있을 때에 반듯하지 않고 어긋난 수단으로 부나 은총을 얻으려고 애쓰지 말고 대신 언제나 주의 선하신 이름과 곧고 바른길을 선택할 수 있도록 저를 도와주세요.

친애하는 주님, 거친 곳을 부드럽게 하소서. 저의 본성 가운데 울퉁불퉁한 곳의 균형을 맞춰주세요. 조화와 진보를 방해하면서 제 주위에 있는 자들에게 갑작스러운 충격을 주게 되는 저의 성격상의 '움푹 파인 곳'을 부드럽게 메워주세요. 다른 이들을 걸려 넘어지게 하는 장벽을 제 삶 속에서 제거해주시기를 바랍니다. 다른 모든 이를 비난하고 비판하는 것을 멈추고, 대신 저의 거친 곳을 고칠 수 있게 도와주세요. 그리스도께서 제 안에서 충만해지시기를 원합니다. 제가 그분의 형상을 온전히 본받게 되기를 바랍니다. 당신의 영광이 저의 모든 육체 속에 나타나시기를 기도합니다.

아버지, 지금 이 순간부터, 제 존재의 이유가 저를 둘러싼 모든 사람이 제 안에서 주님의 아름다움과 주님의 구원의 영광을 보는 것이 되게 하소서. 아멘.

2부

사역을 위한 준비

FOR GOD'S SAKE GROW UP!

사역의 탄생 7장

"출산도 없고, 잉태도 없고, 착상도 없다!"

하나님은 이런 남자와 여자들을 찾고 계십니다.

    하나님 외에 다른 아무것도 두려워하지 않는 자.
    남들이 뭐라고 생각하고 말하든 상관없이 하나님께 전적으로 헌신된 자.
    다른 그 무엇보다도 주님과의 친밀함을 갈망하는 자.
    대가에 관계없이 그분을 알기를 바라는 자.
    순종하기 위해서 전통을 깨부술 준비가 된 자.

명성이나 운을 쫓다가 소진되지 않을 자.

육적인 야망이 없는 자.

성공을 더 이상 세상적인 기준으로 판단하지 않는 자.

하나님은 성숙한 남자와 여자들을 찾고 계십니다.

출산이 없기 때문에 성숙이 없습니다.

잉태가 없기 때문에 출산이 없습니다.

착상이 없기 때문에 잉태가 없습니다.

친밀한 관계가 없기 때문에 착상이 없습니다.

하나님과는 동떨어진 만족을 추구하느라 우리가 너무 바쁘기 때문에 친밀한 관계가 없습니다.

경건한 사역의 출산을 위한 필요조건

하나님께서는 모든 세대 가운데서 그분의 목적을 이룰 도구가 될 남자들과 여자들을 일으키기를 무척 원하십니다. 언제나 주님의 도구들은 유일무이한 존재들입니다. 그들은 보통 현상유지status quo를 따르지 않습니다. 그들은 '하나님이 만드심'이라는 구별된 표시를 가지고 있습니다.

이러한 사역은 어떻게 태어납니까? 사역이 참된 하나님의 작품이 되려면, 그 탄생 과정은 어떠해야 합니까? 사사기 13장에 나오는 삼손의 탄생 이야기는 사역의 탄생에 대한 몇 가지 교훈을 줍니다.

40년 동안 이스라엘은 블레셋의 통치하에 있었습니다. 이스라엘의 죄로 인해 하나님은 그 나라를 원수의 손에 넘기셨습니다. 그들의 환경은 아무런 희망을 주지 못했습니다. 의욕이 사라졌고 저항력이 떨어졌습니다. 정복자 블레셋에게 항복해 그네들 마음대로 하도록 허용하는 것 말고 다른 수가 없었습니다.

흔히 그렇듯이 사람들이 스스로 의지하던 것이 바닥이 나고 절망의 지점에 이르자 그때 하나님께서 개입하셨습니다. 주님의 사자가 한 여자와 그녀의 남편에게 나타나셨는데, 그들에게는 자녀가 없었습니다. 하나의 새로운 사역이 이제 곧 탄생하려고 하는데 하나님은 그분의 도구로 수태치 못하던 한 여자를 선택하셨습니다.

〈우리가 임신하지 못하는 상태임을 인정하기〉

사역에 있어서 하나님의 첫 번째 요구 사항은 불임입니다. 하나님은 스스로는 생명을 낳는 것이 불가능한 사람들을 찾으십니다. 이들은 개인적으로 애쓰는 것에 종지부를 찍고서 그들의 참상태를 정직하게 인정하는 자들입니다. 우리들 대부분은 이런 치욕을 인정하기를 원치 않고, '생명'이 있는 척 가장하고 돌아다닙니다. 우리의 활동들이 기름부음의 대체물이 됩니다. 프로그램들이 생산성과 기도의 자리를 차지합니다. 생명은 어디에나 풍부한 것 같습니다만, 누군가가 포장 안을 들여다보면 그것이 겉치장일 뿐임을 곧 알아차릴 수 있습니다. 경건의 모양은 있으나 능력은 없는 것입니다.

하나님께서 축복을 위한 전제 조건으로 불임을 주장하시는 이유는 무엇입니까? 간단히 말해서 아무 육체도 스스로는 영광을 받을 수 없기 때문입니다. 만약 다윗이 골리앗과 싸워 승리했을 때 사울의 전신갑주를 입고 있었다면, 의심의 여지없이 사울은 그 승리의 공이 일부 자신에게 있다고 주장했을 것입니다. 하나님이 홀로 영광 받으시려면 먼저 우리를 발가벗기셔야만 합니다.

〈자궁을 열기〉

하나님은 마노아의 아내에게 비록 그녀가 임신치 못하나 수정될 것이며 아들을 잉태할 것이라고 약속하셨습니다. 자, 여기에 하나님께서 출산하시는 사역의 두 번째 필요조건이 있습니다. 하나님께서 '자궁을 여셔야'만 합니다. 이는 우리의 능력 밖에 있는 것입니다. 절망과 정직의 지점에 이르렀을 때, 이때 우리는 하나님께 우리를 만져달라고 울부짖을 수 있습니다.

주께서 마노아의 아내의 절박한 갈망에 응답하셨다면, 마찬가지로 사라와 한나, 룻과 레베카, 라헬과 엘리사벳의 부르짖음에 응답하셨다면, 당연히 동일한 방법으로 우리도 해방시켜주실 수 있으십니다.

〈착상을 가져오기〉

착상은 오직 헌신이 있은 다음에야 가능합니다. 하나님은 우리 삶에서 으뜸이 되기를 요구하십니다. 다시 말해 우리는 반드시 다른 모든 것보다 주님을 더 사랑해야 합니다. 우리가 나뉘지 않은 순전한 사랑으로 그분께 갈 때에만 착상이 일어날 수 있습니다. 스포츠든 패션이든, 성공적인 교회 프로그램이나 경력에 있어서의 목표들, 아니면 재정적 풍요이든지 간에, 우리에게 으뜸이 되려고 경쟁하는 다른 어떤 사랑을 추구하기로 결정한다면 하나님과 우리의 사귐은 깨어집니다.

착상은 오로지 사랑하는 자와 함께할 때 일어납니다. 착상은 오직 부부만을 위해 예비된 사적인 일입니다. 그러므로 영적인 관계에서도 하나님은 우리를 무리에서 떼어내어 곁으로 이끄시고 그분과 함께 우리를 감추십니다. 그곳에서 마음을 요동케 하는 활동들에서 떠나 홀로 고요하게 있을 때에 자신을 나타내십니다.

착상은 벌거벗음을 요구합니다. 착상이 일어나기 전에 모든 것이 노출되어야만 합니다. 우리는 기꺼이 자신의 모습으로 보여야 합니다. 우리는 무척이나 자주 자신을 가리려고 애쓰면서 우리의 힘과 자급자족의 이미지를 유지하려고 시도합니다. 그러나 하나님 앞에서는 반드시 자원하는 마음으로 우리를 따라다니는 죄와 약함을 노출하려고 해야 합니다.

하나님 앞에서의 정직이 착상을 위해 필수적입니다. 회복되기 전에 먼저 하나님 앞에 노출되어야 했던 다윗 왕의 삶에서 이러한 원리가 진실로 작동하는 것을 볼 수 있습니다. 다윗은 시편 51편에서 그의 참된 상태를 하나님께 꾸밈없이 털어놓고 정결함을 받습니다.

착상은 사랑하는 관계 속에서 일어납니다. 우리가 하나님과 시간을 보낼 때에 착상이 일어날 수 있는 사랑의 분위기가 만들어집니다. 우리의 모든 마음과 혼과 생각과 힘을 다해 그분을 사랑할 때, 주님과 함께

하는 시간은 기쁨이 넘치고 상쾌한 경험이 됩니다. 자연적인 관계에서처럼 시간과 장소는 상관이 없습니다. 사랑은 언제나 길을 발견합니다.

〈보호하고 성장하기〉

착상 다음으로 잉태의 시간이 옵니다. 이 시기는 사역이 감추어져 있지만 이미 성장은 시작된 때입니다. 어떤 것이 발달되고 있습니다. 자연적인 눈으로는 보이지 않지만 변화가 일어나기 시작합니다. 영적인 감각에 있어서도 어떤 변화가 시작됩니다. 이때는 아슬아슬한 시기입니다. 우리에게 맡겨진 것을 보호하기 위해 주의를 기울여야만 합니다.

마노아의 아내는 반드시 조심해야 한다고 들었습니다. 그녀는 아기를 오염시킬 수도 있는 것들을 멀리해야 했습니다. 세 번이나 부정한 것들을 먹지 말고 포도주나 독주를 마시지 말라는 경고를 받았습니다. 그녀는 나실인이 아니었는데 왜 하나님은 그녀에게 이것들을 요구하셨을까요? 아들 삼손이 어미의 자궁 속에서부터 나실인으로 하나님께 부름 받았음을 이해할 때에 그 이유가 명백해집니다. 준비되어있지 않은 상태에서 어떻게 출산할 수 있겠습니까? 그 아이가 자랄 때를 상상해봅시다. 만약 아이에게 특정한 것들을 멀리하라고 말하면서도, 그녀는 정작 아이 옆에서 먹고 마시고 있다면 어떻게 되겠습니까?

원리는 분명합니다. 우리가 받지 않은 것으로 다른 사람을 섬길 수는 없습니다. 사람들이 개인적으로 거룩함을 갈망하고 추구하지 않는다면 거룩함에 대해 효과적으로 사역할 수가 없습니다. 결혼에 대한 글과 책을 집필한 그리스도인 지도자들이 나중에 이혼 절차를 밟고 있다는 소식을 접하는 것은 얼마나 비극적입니까. 그 사람의 삶의 질이 사역의 질과 부합하지 않는다면 사역 효과는 파괴됩니다.

〈출산하기〉

잠복의 기간이 다하면 마침내 출산이 시작됩니다. 하지만 생명을 낳는 데는 고통과 수고가 따릅니다. 바울이 사역에서 '열심히 일하는' 자들에 대해 어떻게 말하는지 그리고 하나님의 백성 속에 그리스도의 형상이 이루어지기까지 수고하는 자신을 무엇에 비유하는지를 기억하십니까? 고통을 즐기는 사람은 아무도 없지만 출산이 진행 중일 때는 고통이 필요합니다.

〈지속적으로 돌보기〉

그러나 출산이 시작은 아닙니다. 출산 후에도 지속적인 돌봄을 제공해야 할 필요가 있습니다. 또한 효과적으로 돌보는 자가 되기 위한 훈련도 필요합니다. 마노아의 아내가 자녀에 대한 약속을 받았을 때, 그녀는 그 아이를 어떻게 양육해야 하는지 가르쳐달라고 하나님께 간청했습니다.

우리는 사역을 출산하는 흥분에 빠져 하나님께 그 사역을 유지하는 법에 대해 지혜를 구하는 것을 쉽게 잊어버릴 수 있습니다. 어떤 이들은 탁월하고 경건한 사역을 출산하지만 곧 죽어버리기도 합니다. 하나님의 지시에 의지하기를 무시하기 때문입니다.

삼손의 이야기는 어떻게 한 위대한 사역이 하나님의 방향을 구하는

데 실패하여 멈춰버렸는지를 보여줍니다. 삼손은 그의 자유와 시력, 신앙고백과 기름 부음, 힘과 존경을 잃었습니다. 하나님과의 접촉을 잃어버렸기 때문입니다.

불임인가, 아니면 축복인가?

하나님께 기름 부음과 능력을 부여받고 자신을 통해 하나님의 목적을 성취하시도록 성령님께 기꺼이 허락해드리는 성숙한 남자들과 여자들이 교회에 절실히 필요합니다.

오늘날 하나님의 문제는 적들의 강함이 아니라 교회의 약함입니다. 성경을 통틀어서 남성들이 불임의 상태로 묘사되는 경우는 전혀 없고 오직 여성들만 해당되는 이유는 무엇일까요? 그 이유는 여성이 교회의 전형이기 때문입니다. 실패는 결코 하나님의 측면에서가 아닙니다. 우리들의 측면에서 실패인 것입니다.

그러므로 만약 당신이 불임의 상태라면 생명의 원천과 접촉하십시오. 그분은 불임의 여자를 '자식을 가진 행복한 어머니'가 되게 하십니다(시 13:9 참조, 우리말성경).

여러분을 통해서 하나님께서는 유일무이한 사역을 낳으실 것입니다. 여러분의 삶으로부터 놀라운 축복과 유익이 다른 이들에게 흘러갈 것입니다.

리더십을 위한 교훈 8장

확신컨대 교회는 하나님의 성령의 새로운 쏟아 부으심 outpouring을 맞이하기 직전에 있습니다. 우리는 과도기에 진입했습니다. 전진하라는 부르심이 다시 한 번 들리고 있습니다. 예수 그리스도의 반석에 튼튼히 뿌리박지 않은 것은 전부 무너지고 마는 전례 없는 흔들림을 보고 있습니다. 이 모든 것의 한복판에서, 하나님은 그 다음 역할을 위해 교회를 구비시킬 새로운 종류의 리더십을 준비하고 계십니다.

우리는 여호수아서의 도입부에 서술된 시대 상황과 유사한 때에 있습니다. 당시는 이스라엘의 과도기였습니다. 광야에서의 40년이 마침내 끝났습니다. 그들의 위대한 지도자 모세의 리더십을 따르던 시대에 마침표를 찍으면서 말입니다. 하나님은 그분의 신성한 목적에 따라 새로운 국면으로 이 나라를 이끌어갈 자로 여호수아에게 기름 부으셨습니다.

여호수아서는 주께서 여호수아에게 "내 종 모세가 죽었으니…"라고 말씀하시는 것으로 시작합니다(수 1:2). 모세의 죽음은 단순한 자연적 발생이 아니라 그가 자초한 비극적인 사건이었습니다.

신명기를 보면 모세가 죽을 당시 그는 신체적으로 우수한 상태에 있었습니다. "그의 눈이 흐리지 아니하였고 기력이 쇠하지 아니하였더라"(신 34:7b). 모세의 때 아닌 죽음 이면의 이유는 오늘날 우리가 그리스도의 몸 안에서 보고 있는 해프닝에 통찰을 줄 수 있다고 생각합니다. "무엇이든지 전에 기록된 바는 우리의 교훈을 위하여 기록된 것이니"(롬 15:4 참조)라는 말씀을 여러분도 기억하실 것입니다.

모세, 하나님의 대단한 사람

하나님은 모세에게 그분의 백성을 약속의 땅으로 이끌라는 어마어마한 임무를 주셨습니다. 그리스도를 제외하고는 모세의 성품에 드러났던 훌륭한 자질과 비교할 수 있는 사람은 이 땅에 아무도 없습니다. 그의 양 떼를 위해 자신의 삶을 내려놓는 모세의 자원하는 마음, 그중에서도 중얼중얼 불평하는 많은 동료에 대한 그의 참을성은 가히 모범적이었습니다. 여기에 더하여 모세는 주님과 친밀한 만남들을 가졌습니다. 모세는 자신의 총명에 의존하기를 거절하고 다음 이동 경로에 대해 알기를 애타게 바라며 하나님께 묻고 또 물었습니다. 바로의 궁전에서 지낸 모세의 초년기와 이어서 지도자로서 부름 받은 이래, 모세의 성품에 어떤 결점들이 있다는 얘기는 그다지 들어보지 못했습니다. 하지만 민수기 20장은 모세의 한 가지 실수를 기술하고 있는데, 이를 계기로 그는 지도자로서 때 이른 면직을 당하고 약속의 땅을 점령할 일원이 되는 특권도 박탈당하고 맙니다.

중대한 실수

이스라엘은 가데스에 도착했는데 물이 없다는 것을 알게 되었습니다. 백성은 이 문제에 대해 믿음의 해결책을 구하려고 하는 대신에 모세와 아론에게 반발하기로 선택합니다. 모세는 이 딜레마에 해답을 구하며 하나님 앞에 엎드렸습니다. 순간 주님의 영광이 나타났고, 모세는 그의 지팡이를 들고 온 회중을 모아 "…그들의 목전에서 너희는 반석에게 명령하여 물을 내라 하라 네가 그 반석이 물을 내게 하여…"라는 지시를 받았습니다(민 20:8). 하지만 모세는 하나님께서 명령하신 대로 반석에게 말하는 대신 반석을 두 번 쳐서 백성에 대한 분노를 터트렸습니다. 하나님은 약속하신 대로 온 백성은 물론 그들의 가축과 짐승들에게도 충분하게 풍성한 물을 내셨습니다. 그러나 그 후에 모세와 아론에게로 눈을 돌리셔서, 지도자로서의 그들의 시기가 끝이 났고 두 사람 모두 이스라엘을 약속의 땅으로 들이시는 하나님의 목적이 성취되는 것을 보지 못할 것이라고 알리셨습니다. 모세는 아론을 호르 산 꼭대기로 데려가서 그의 겉옷(아론의 신성한 직무)을 벗겨 아론의 아들 엘르아살에게 입히라는 명을 받았습니다.

이제 모세는 백성을 이끄는 임무를 홀로 떠맡았습니다. 아론은 그 직무에서 제외되었고 모세는 잠시 연기된 것이었습니다. 모세는 자신의 불순종과 분노를 발한 것 때문에 광야에서 결국 죽게 될 것임을 백성에게 알려야 했습니다.

성경은 다소 가혹한 이 벌에 대한 모세의 반응을 이렇게 기록합니다.

> 그때에 내가 여호와께 간구하기를…구하옵나니 나를 건너가게 하사 요단 저쪽에 있는 아름다운 땅 아름다운 산과 레바논을 보게 하옵소서 하되 여호와께서 너희 때문에 내게 진노하사 내 말을 듣지 아니하시고 내게 이르시기를 그만해도 족하니 이 일로 다시 내게 말하지 말라(신 3:23-26)

하나님은 모세가 약속의 땅을 볼 수 있게끔 비스가 산 꼭대기에 올라가는 것을 허락하셨으나 그가 요단을 건널 수 없음을 다시 상기시키는 것도 잊지 않으셨습니다. 모세는 자신의 분노와 불순종으로 인해 하나님의 다음번 대운행하심의 일부가 되는 축복을 박탈당했음을 알고 지내야만 했습니다.

때가 임박했을 때 하나님께서 모세에게 말씀하셨습니다. "네가 죽을 기한이 가까웠으니 여호수아를 불러서 함께 회막으로 나아오라 내가 그에게 명령을 내리리라…"(신 31:14)

그러자 모세는 하나님의 백성에게 하나님의 율법의 모든 말씀을 신중히 준수하라고 경고하며 마지막 권고를 남깁니다. "이는 너희에게

헛된 일이 아니라 너희의 생명이니 이 일로 말미암아 너희가 요단을 건너가 차지할 그 땅에서 너희의 날이 장구하리라"(신 32:47). 모세의 삶이 이 원리가 실제임을 증명해주었습니다. 그는 주님의 말씀에 불순종했고 그 결과 자신의 삶이 단축되었음을 알게 되었습니다.

이스라엘 백성은 모세가 하나님의 명령에 순종하여 느보 산에 올랐다가 다시는 돌아오지 않는 것을 지켜보았습니다.

> 바로 그날에 여호와께서 모세에게 말씀하여 이르시되 너는 여리고 맞은편 모압 땅에 있는 아바림 산에 올라가 느보 산에 이르러…너도 올라가는 이 산에서 죽어 네 조상에게로 돌아가리니…이는 너희가 신 광야 가데스의 므리바 물 가에서 이스라엘 자손 중 내게 범죄하여 내 거룩함을 이스라엘 자손 중에서 나타내지 아니한 까닭이라 네가 비록 내가 이스라엘 자손에게 주는 땅을 맞은편에서 바라보기는 하려니와 그리로 들어가지는 못하리라 하시니라…(신 32:48-52)

여기서 하나님은 "내 거룩함을 이스라엘 자손 중에서 나타내지 아니한 까닭이라"는 말씀으로 모세를 불쾌하게 여기신 이유를 분명히 드러내셨습니다.

지도자들에 대한 하나님의 불쾌함

이렇게 모세를 다루시는 하나님의 방식이 지도자들에 대한 하나님의 불쾌함을 나타내는 신호로 오늘날에도 반복되고 있습니다. 우리 주변의 모든 사역이 흔들림을 당하고 지도자들은 능력과 권위의 자리에서 물러나고 있습니다. 신체적·재정적·영적인 면에서 그들의 죽음은 사람들 앞에서 하나님을 거룩하게 대하지 않은 그들의 결말입니다. 지도자들에 대한 하나님의 기준은 항상 일반 성도들에게 요구되는 기준보다 더 높았습니다. 그러므로 지도자들에 대한 그분의 심판 역시 더욱 큽니다.

여호수아, 하나님의 종

모세가 가버린 지금 누가 이스라엘을 그들의 기업으로 인도하겠습니까?

> 여호와의 종 모세가 죽은 후에 여호와께서 모세의 수종자 눈의 아들 여호수아에게 말씀하여 이르시되 내 종 모세가 죽었으니(왜냐하면 내가 그를 데려갔기 때문이다) 이제 너는 이 모든 백성과 더불어 일어나 이 요단을 건너…(수 1:1-2, 괄호는 저자 삽입)

모세의 죽음으로 초래된 지도자의 공백은 하나님을 놀라게 하지 못했습니다. 하나님은 오랫동안 여호수아를 면밀히 지켜보고 계셨습니다. 하나님은 그분의 사람을 준비시키면서 그를 그분의 날개 아래에서 기다리게 해오셨습니다.

애굽의 속박에서부터 이스라엘을 이끌어내어 독립국가로 세우고 가나안 입성을 위해 그 민족을 준비시켰던 하나님의 위대한 사람 모세의 빈자리를 메울 자를 상상해봅시다. 이처럼 대단한 책임을 맡도록 준비된 여호수아에게서 어떤 자질들을 발견할 수 있을지 살펴보겠습니다.

〈죄와 싸워 승리하기〉

여호수아는 모세가 아말렉을 상대로 이스라엘 군대를 이끌 자로 그를 선택하면서 성경에서 처음으로 두드러지게 등장합니다. 이 전쟁의 중요성이 종종 간과되기도 합니다. '죄인 아말렉'(삼상 15:18)으로 언급되는 아말렉 족속은 하나님의 백성을 몰락시키려고 모색하고 있었습니다. 이는 죄와 육체를 상대로 한 전쟁이었고 여호수아가 승리를 합니다. 이 승리로 여호수아는 지도자로서 각광을 받기 시작합니다. 이는 또한 여호수아에게서 지도자로서의 자격을 얻도록 돕는 중요한 특성을 드러냅니다. 여호수아는 죄와 육체가 그에 대해 지배권을 얻도록 허락하지 않았습니다. 그는 죄와 싸워 승리하기로 결정했습니다.

여호수아 시대처럼 오늘날에도 하나님은 죄와 육체를 상대로 승리하는 삶을 사는 자들을 찾고 계십니다. 이들은 죄와 자기에 항복하기보다는 마지막 승리를 취할 때까지 싸울 준비를 합니다. 그런데 이 전쟁에서는 어떻게 이겼습니까?

여호수아가 이끈 이 전쟁은 단순히 수적 강세나 인간의 노력만으로 승리한 것이 아니었습니다. 여호수아가 골짜기에서 싸우는 동안 모세가 산 위에서 중보하고 있었기 때문에 승리를 얻었습니다. 다시 말해서 죄를 극복하는 진짜 열쇠는 우리 힘으로는 능력이 없음을 아는 것입니다. 승리는 하나님의 능력과 접촉을 유지함으로써 얻을 수 있습니다(출 17:8-13 참조).

〈하나님의 타이밍을 끈기 있게 기다리기〉

두 번째로 출애굽기 24장에서 여호수아의 삶을 엿볼 수 있습니다. 하나님께 산으로 올라오라는 부름을 받은 모세는 여호수아를 대동합니다. 그 40일 동안 이스라엘은 아론의 통솔 아래에 있습니다. 모세와 함께 산으로 올라가던 어느 지점에서, 모세만 더 높이 올라가 구름 속으로 들어가 버리자 여호수아도 혼자 남게 되었을 것입니다. 이 40일 중에 이스라엘 백성은 기다리지 못해 그들의 손으로 금송아지를 만듭니다. 아론의 통솔 아래에 있는 온 백성이 이 배교에 관여합니다. 하나님의 새로운 말씀을 가지고 모세가 돌아오기를 끈기 있게 기다린 단 한 사람, 여호수아만 빼고 말입니다.

이 이야기는 우리에게 이러한 질문을 던집니다. 기꺼이 하나님의 타이밍을 기다리겠습니까, 아니면 참을성 없이 자신의 '우상들'을 만들겠습니까? 하나님의 시간표를 참을성을 가지고 대하는 것이 얼마나 어려운지 모릅니다. 아브라함처럼 우리는 그분의 약속을 신속히 성취할 길을 모색하지만 결국 '이스마엘'을 낳을 뿐입니다. 여호수아처럼 우리도 하나님의 것들에 대해 인내심을 가질 필요가 있습니다.

〈하나님의 임재 안에서 머물기〉

출애굽기 33장은 여호수아의 성장에 있어서 세 번째 중요한 원리를 제공해줍니다. 그는 하나님과 시간을 보내는 것이 어떤 의미인지를 알았습니다.

모세가 이스라엘의 우상 숭배에 대해 하나님께 묻는 동안에, 젊은 여호수아는 "…회막을 떠나지 아니…"하였습니다(출 33:11). 이 젊은이는 하나님의 임재에 배가 고팠고 오직 하나님과 함께 있으려는 목적으로 자원하여 회막에 남았습니다.

오늘날 많은 성도는 그들이 리더십에 있을지라도 주님과 거의 시간을 보내지 않습니다. 사람들이 그들의 영적 파산을 알아차리지 못한 채 볼링핀처럼 무너지는 것도 더 이상 놀라운 일이 아닙니다. 하나님의 다음 운행하심은 하나님을 아는 성도들에 의해 인도될 것입니다. 왜냐하면 이들은 "…강하여 용맹을 떨"(단 11:32 참조)칠 것이기 때문입니다.

〈믿음을 키우기〉

여호수아 리더십의 네 번째 자질은 믿음입니다. 정탐꾼의 한 사람으로 선택된 여호수아는 이스라엘이 물려받을 땅의 첫 번째 열매를 처음으로 경험했습니다. 오래 기다려온 약속의 땅으로 들어가는 것이 모두를 향한 하나님의 목적임을 확신하면서, 여호수아는 백성에게 하나님의 말씀을 믿도록 용기를 북돋우고자 했습니다. 그러나 그의 격려에 대해 사람들은 불신과 비웃음으로 반응했습니다. 그와 함께 정탐하러 갔던 다른 열 명의 지도자마저 두렵다고 목소리를 높였습니다(민 13-14 참조).

오늘날 하나님을 더욱 알기를 필사적으로 갈망하는 하나님 백성의 마음 안에서 여호수아의 믿음이 일어나는 것을 볼 수 있습니다. 광야에서 승리에 찬 이들의 목소리는 많은 경우 옛 이스라엘처럼 "기쁨의 땅을 멸시"하는 사람들의 반대에 부딪힙니다(시 106:24 참조). 그러나 우리는 다시 한 번 볼 것입니다. 하나님의 목적을 성취하여 온전한 상속으로 들어가기까지 결단코 멈추지 않을 새로운 세대를 하나님께서 일으키시는 것을 말입니다.

〈섬기는 영을 계발하기〉

이 뛰어난 인물로부터 배울 수 있는 다섯 번째 교훈은 그의 섬기는 영 serving spirit입니다. 어디에서도 여호수아가 모세의 지도력을 비판하거나 그 자리를 취하려고 애썼다는 흔적을 찾을 수 없습니다. 성경은 여호수아가 종이었다는 사실을 여러 차례 부각시킵니다. 여호수아 24장 29절에서 여호수아의 죽음을 기록할 때, 그는 "여호와의 종 눈의 아들 여호수아"라고 일컬어집니다. 여호수아는 모세를 섬겼고, 그의 나라를 섬겼고, 그의 하나님을 섬겼습니다.

여호수아의 영은 지배를 강조하며 사람의 운명은 '종 됨' 보다는 '다스리는 자' 라고 가르치는 오늘날의 교육과 얼마나 다릅니까. 예수님은 가장 으뜸이 되고자 하는 자는 반드시 모든 이의 종이 되어야 한다고 말씀하셨습니다. 현대식으로 표현하면 "높아지는 길은 낮아지는 것입니다." 낮고 온유한 자는 땅을 기업으로 받을 것이기 때문입니다.

하나님의 다음 운행하심의 특징 중 하나는 리더십의 새로운 형태가 될 것입니다. 자기를 섬기는 인간우상들은 그들의 날을 다했습니다. 저는 이제 하나님께서 여호수아처럼 이끄는 자들이 복을 받고 하나님의 목적을 성취할 능력을 부여받도록 자신의 삶을 기꺼이 쏟아 붓는 남자들과 여자들을 찾고 계신다고 믿습니다.

〈목자의 마음을 가지기〉

여호수아로 지도자가 되게 한 여섯 번째 자질은 목자의 마음이었습니다. 자신의 시간이 끝나가고 있음을 의식했던 모세는 하나님께 회중 가운데서 이스라엘 백성이 "목자 없는 양같이" 되지 않도록 인도할 한 사람을 지목해달라고 구했습니다(민 27:16-20). 하나님은 응답으로 여호수아를 그 직무에 임명하라고 말씀하셨습니다.

오늘날 그리스도의 몸을 통틀어 가장 큰 부르짖음 가운데 하나는 양 떼를 돌보고 그 양들을 위해 기꺼이 자신의 삶을 내려놓는 목자를 구하는 것입니다. 늑대로부터 양 떼를 지켜줄 준비가 된 목자들, 그들의 양을 그 이름으로 아는 목자들 말입니다.

목자와 달리 삯꾼(고용된 자)은 스스로의 이익을 생각합니다. 그는 양들을 향한 사랑 때문이 아니라 대가를 바라고서 임무를 수행합니다. 최근의 재정 정보 공개로 사역의 일부 지도자들이 재정을 낭비한 것이 드러났는데, 그 양 떼들은 목자들에게 끊임없이 돈을 뜯기고 있었습니다. 하나님께서 그분의 백성을 삯꾼의 마음을 가진 지도자들로부터 구해주시기를 바랍니다. 그리고 여호수아처럼 목자장(하나님)과의 개인적인 사귐과 양 떼를 향한 사랑에서 가장 큰 기쁨을 얻는 목자들을 우리에게 보내주시기를 바랍니다!

리더십을 위한 교훈

하나님께서 택하신 두 종 모세와 여호수아의 삶에서 우리가 수집한 중요한 원리들을 잠깐 되살펴봅시다.

1. 하나님께서 우리에게 하라고 말씀하신 것들을 전부 신중히 준수하는 데 실패하면 우리의 삶이 단축되고 사역과 리더십의 자리를 박탈당할 수 있습니다.
2. 하나님은 죄와 육체라는 원수에게 항복하기를 거절하고, 하나님의 힘으로부터 능력을 끌어와 정복할 때까지 끝까지 싸우는 지도자들을 찾고 계십니다.
3. 경건한 지도자들은 조급함을 키우면서 자신의 '우상들' 을 만드는 대신에 하나님의 타이밍을 기다리는 비밀을 압니다.
4. 하나님의 다음 운행하심은 모세와 여호수아처럼 하나님의 임재 속에 머물기 위해 시간을 내는 지도자들이 이끌 것입니다.
5. 성공적인 지도자들은 하나님의 분명한 명령에 반박하는 탁월하고 합리적인 분석보다는 하나님과 그분의 목적, 그분의 약속들에 믿음의 초점을 맞춥니다.
6. 지금은 종 됨이 활약할 때입니다. 자기를 섬기는 인간우상들의 시

간은 끝났습니다.
7. 참된 목자들의 가장 큰 기쁨은 목자장과의 관계와 양들을 향한 사랑에서 솟아나지, 양 떼에게서 뜯어낸 재정적인 소득에서가 아닙니다.

모세와 여호수아의 리더십은 하나님의 사랑받는 신실한 종으로서 성숙해가며 효과적으로 사역하기를 갈망하는 모든 성도에게 교훈을 줍니다.

FOR GOD'S SAKE GROW UP!

성숙의 길에 놓인 세 가지 중대한 사안

하나님과 동행하는 삶으로 전진해 들어갈 때에 세 가지 핵심 사안이 제기됩니다. (1) 자신을 어떻게 여기는가, (2) 변화를 어떻게 여기는가, (3) 하나님을 어떻게 여기는가. 영적 성숙으로 계속 나아가려고 한다면 이 세 가지 사안을 적절하게 다루는 법을 배우는 것이 무척 중요합니다.

창세기 11장에서 25장까지 아브라함은 이 중대한 사안들과 각각 성공적으로 대면했습니다. 아브라함은 모든 믿는 자의 아버지로 부름 받았고 최고의 믿음의 본으로 여겨지기 때문에 그가 자신과 변화, 그리고 하나님을 대하는 태도를 연구하면 여러분과 저는 대단히 많은 것을 배울 수 있을 것입니다.

자신을 다루기

아브라함이 자신을 대하는 태도는 그의 삶에 지속적으로 등장하는 한 물품 즉 제단altar으로 상징되는 것 같습니다. 이 헌신적인 사람이 인생의 전환기와 중대한 결정의 시간이면 늘 제단을 세우는 것을 볼 수 있습니다(창 12:7-8; 13:4, 18; 22:9).

제단은 구약시대에 하나님께 드리는 모든 예배에서 주도적인 역할을 담당했습니다. 성경(KJV)에서 제단이라는 단어가 433번이나 사용된 것을 보면 그 중요성을 알 수 있습니다.

대부분의 제단은 제사를 드리려는 목적으로 세워졌지만 일부는 기념하기 위해 세워지기도 했습니다(출 17:15-16; 수 22:26-27). 우리는 번제단일 뿐 아니라 분향단이기도 합니다. 이 제단에서 향을 태우는 것은 성도들의 기도가 바쳐지는 것을 상징했습니다(계 8:3 참조). 흥미롭게도 사가랴에게 천사가 나타나서 이 나이 많은 제사장과 아내에게 아들(세례 요한)이 태어날 것이라고 알려준 것은 사가랴가 분향단에서 직무를 수행하고 있을 때였습니다(눅 1:8-13 참조).

앞에서 짧게 살펴본 대로 제단은 기념물이 되기도 했고 혹은 산 제물을 바치는 장소나 중보, 교제, 봉헌이나 계시의 장소가 되기도 했습니다. 제단에서 성도들은 하나님과 만났습니다.

하나님의 자녀들의 삶에 제단이 부족한 것은 그들이 하나님의 참된 본성을 거의 알지 못하기 때문입니다. 예를 들어 불순종과 변덕, 비극으로 삶을 채운 사울 왕은 42세 때, 곧 이스라엘의 왕일 때이자 장성한 아들이 있을 때 처음으로 제단을 세웠습니다(삼상 14:35 참조).

그러나 아브라함은 주님 앞에 그의 삶을 내려놓는 곳마다 제단을 세웠습니다. 그는 거기서 하나님께 묻고 그에게 없어서는 안 될 가장 필요한 것으로 하나님의 임재와 은총을 구했습니다. 평생 동안 제단을 쌓고 주님의 뜻을 따르려고 헌신하면서 아브라함은 하나님의 성품과 본성을 이해하고 신뢰하게 되었습니다.

하나님이 누구이신지 이해하기

아브라함처럼 하나님이 누구이신지 이해하기 시작할 때 제단에 우리 삶을 내려놓는 절차에 들어갈 수 있습니다. 계시는 성별(聖別, consecration)을 낳습니다.

계시는 또한 순종을 낳습니다. 아브라함은 복종과 자기-번제를 상징하는 제단이 그의 파괴가 아니라 그의 행복을 위해서 세워졌음을 배웠습니다. 아브라함은 하나님을 신뢰했고 그분을 친밀하게 알았기 때문에 하나님께 순종하는 것을 두려워하지 않았습니다. 심지어 하나님께서 그분의 종을 시험하시려고 아브라함에게 사랑하는 독자 이삭을 제단에 두고 죽이라고 명하셨을 때에도 말입니다(창 22:2 참조).

하나님의 명령에 아무것도 묻지 않고 행한 즉각적인 순종은 스스로를 대하는 아브라함의 태도를 드러냈습니다. 아브라함은 그 제단을 기꺼이 껴안았습니다. 하나님은 주(主)이셨습니다. 아브라함은 그분의 겸손하고 순종적인 종이었습니다. 만약 모든 지혜이시며 신뢰받으실 만한 그의 주인님이 그에게 목숨보다 소중한 아들을 바칠 것을 요구하셨다면 아브라함은 이삭을 붙들고 있거나 마지못해 하나님께 드리지 않았을 것입니다(창 22:12). 그의 하나님이 그러한 경배를 구하셨다면 아브라함은 그 번제단을 받아들이고 눈물을 흘리면서까지 경배를 드렸을 것입니다. 비록 하나님은 아브라함에게 그의 독자를 달라고 하지 않으셨지만, 하나님께서 친히 그분의 아들을 주신 때가 있었음을 아는 것이 얼마나 귀하고 또 우리로 겸손케 하는지 모릅니다(요 3:16 참조).

복종인가, 아니면 자기보존인가?

번제단에 대한 우리들의 즉각적이고 본능적인 반응은 저항입니다. 왜냐하면 인간의 영 안에 있는 모든 것은 생명을 쥐고 있으려고 힘쓰기 때문입니다. 우리는 자신을 보존하려는 강한 본능을 가지고 있습니다. 우리는 살아남으려는 그 의지로 탄생한 영웅주의의 놀라운 이야기들에서 자기보존 본능을 볼 수 있습니다. 영하 온도의 맹렬한 눈보라 속에서 며칠을 갇혀있다가 그 역경에서 빠져나와 가까스로 살아남은 여행자들의 이야기를 읽은 적이 있을 것입니다. 먹을 것을 얻지 못해 굶주린 전쟁 포로들이 벌레나 쥐, 혹은 더 심한 것들을 먹으며 절박한 방법에 의지하여 죽지 않고 버텼다는 이야기도 들었을 것입니다.

예를 들어, 1년 반이 넘게 레바논에서 인질로 잡혀있었던 로렌스 마틴 젠코Lawrence Martin Jenco 신부와 데이비드 제이콥슨David Jacobsen은 그들이 가장 좋아했던 '닭고기 힌트'라고 불렀던 요리를 제공받았던 것을 이야기합니다. 이는 닭이 최근에 그들의 밥을 밟고 지나간 흔적이 있다는 말입니다. 이 혐오스러운 요리가 우리에게는 역겨울지 몰라도, 생존을 필사적으로 바라는 배고픈 인질들에게는 가장 필요한 영양 공급원이었습니다.

생명 사랑은 영적인 세계로 고스란히 이어집니다. 성도인 우리들은 그릇되게도 그 대가가 무엇이든지 상관없이 '우리 생명을 구원' 할 길을 모색합니다. 제단에 대한 우리의 즉각적인 반응은 저항입니다. 우리 안의 모든 것이 생명을 붙들려고 애쓰기 때문입니다.

하지만 우리가 더 많이 싸울수록 더 조금 가진다는 것을 금방 발견하게 됩니다. 우리는 얻으려고 한 바로 그것을 잃습니다. 예수님은 제자 됨을 위한 그분의 부르심 안에 이 원리를 담으셨습니다.

…누구든지 내 제자가 되기를 바라거든 자기를 부인하고 (자기와 자신의 이익들을 무시하고, 보지 않고, 잊어버리고) 자기 십자가를 지고 나를 따를 것이니라 (꾸준히 내게로 나아오며, 삶 속에서 그리고 필요하다면 죽음에서 또한 나의 모본을 온전히 본받고) 누구든지 자기의 (일시적인) 목숨을 (이생에서의 그의 안락과 안전을) 구원코자 하면 (영원한 목숨을) 잃을 것이요 누구든지 나를 위하여 제 목숨을 (이생에서의 그의 안락과 안전을) 잃으면 (영원한 생명을) 찾으리라…(마 16:24-25, AMP 역자 번역 / If anyone desires to be My disciple, let him deny himself [disregard, lose sight of, and forget himself and his own interests] and take up his cross and follow Me [cleave steadfastly to Me, conform wholly to My example in living and, if need be, in dying, also]. For whoever is bent on saving his [temporal] life [his comfort and security here] shall lose it [eternal life]; and whoever loses his life [his comfort and security here] for My sake shall find it [life everlasting])

성도들에게 "십자가에서 내려와 너 자신을 구원하라"는 유혹이 가장 큰 유혹입니다. 하나님께서 쓰실 수 있는 사람은 오직 '죽은' 자들뿐입니다. 우리는 반드시 그분이 흥하시도록 하기 위하여 기꺼이 쇠하여야 합니다.

헌신을 유지하기

일단 삶을 제단에 내려놓는 과정에 착수했다면, 우리의 헌신을 다시 무르려고 해서는 결코 안 됩니다. 번제에 관한 법에서 이 원리를 볼 수 있습니다(레 6:9). 번제물은 밤새 제단 위에 남아있었고 불도 계속 타오르고 있었습니다. 그러나 우리는 때로 인생의 밤이 찾아오면 불을 꺼트리고 자신을 제단에서 내려놓고 싶은 유혹을 받습니다. 시험의 밤이 길지라도 하나님께 드렸던 우리의 맹세들을 기억하고 반드시 지켜야 합니다.

하나님의 방법으로 제단 쌓기

아브라함처럼 우리도 하나님께 제단을 쌓을 때에는 우리의 방법이 아니라 그분의 방법으로 하도록 주의를 기울여야 합니다. 출애굽기 20장 24-26절을 보면 하나님께서는 이스라엘 민족이 제단을 쌓을 수 있도록 특별한 지시를 내리십니다. 우선 제단은 흙이나 돌로 만들어야 했습니다. 이 돌은 어떤 식으로든 절단하거나 다듬으면 안 되었습니다. 만약 그렇게 해서 제단을 더럽히면 번제물은 받아들여지지 않았습니다.

이 지시가 내려진 것은 제단이 아름다움으로 인해 그 자체로 이목을 끌지 않도록 하기 위함입니다. 제단을 제작한 사람에게 영광이 돌아가서도 안 됩니다. 일단 주님께 삶을 내어드린 자들이 맞닥트리는 위험은 자신의 의에 영광을 돌리려는 시험을 당한다는 것입니다. 그 의가 우리의 올바른 생활양식이나 지속적인 기도 생활, 혹은 성경 읽기나 사역에서의 성공 등 무엇이라도 말입니다. 우리는 '제물을 바치는' 한가운데서 성전에 서서 자기의 미덕을 찬양하였던 바리새인처럼 될 수 있습니다(눅 18:9-14 참조). 이러한 자의 제단은 자기를 경배하는 것으로만 만들어졌습니다.

둘째로 제단에는 계단이 없어야 했습니다. 거룩한 하나님을 위한 제단은 이방 나라들이 그들의 우상을 위해 만든 제단과 닮지 말아야 했습니다. 이방인들의 경배는 흔히 관능적인 영역에 초점을 맞추어 진행되었습니다. 이들 제단에 계단이 높이 세워진 것은 제사장이나 여성 사제들이 계단을 올라갈 때에 느슨하게 흘러내리는 예복 사이로 그들의 육체를 드러내려는 의도였습니다. 제사장이 높이 올라가면 갈수록 노출이 심해졌고 이는 회중 사이에 성적 광란을 일으켰습니다.

하나님께서는 제단에 계단을 이용하여 올라가는 것을 금지하심으로써 백성에게 두 가지 중요한 원리를 가르치고 계셨습니다. 첫째, 육체는 드러나서는 안 되고 파괴되어야 했습니다. 둘째, 스스로를 높이거나 찬양하려는 시도로 하나님을 기쁘시게 할 수 없습니다. 만약 우리가 주의하지 않는다면 우리의 '제단들'은 육체를 못 박는 장소가 아니라 오히려 육체를 드높이는 장소가 될 수 있습니다.

자신에게 죽기

주님과의 오래되고 친밀한 사귐을 통하여 아브라함은 자신의 하나님을 알기에 이르렀습니다. 아브라함은 또한 자신의 약함과 실패하기 일쑤인 스스로를 알게 되었습니다. 아브라함은 하나님 앞에서 아무것도 망설이지 않는 법을 배웠습니다. 제단이 모든 것을 다 드려야 함을 의미할지라도 그것이 그의 파멸이 아닌 선을 위해 존재한다는 것을 알았기 때문입니다.

여러분은 바울이 로마서를 기록하면서 성도들에게 그들의 몸을 산 제물로 드리라고 권고하기 전에 11장에서 먼저 '하나님의 자비들'을 언급한 이유를 아십니까? 저는 적어도 한 가지 이유는 안다고 생각합니다. 오직 우리가 하나님의 아름다움과 거룩함을 점점 더 알게 될 때, 또 우리가 아브라함처럼 주님의 성품과 본성을 알게 될 때 비로소 그분처럼 되기를 갈망하기 때문입니다. 우리는 오직 이때에 그분께 우리를 온전히 드리기를 바랍니다. 그리고 이때 우리는 자신self에게 죽어 그리스도께서 우리 안에서 나타나시게 할 준비가 됩니다.

변화를 다루기

변화를 대하는 아브라함의 태도 역시 우리에게 가르치는 바가 있습니다. 아브라함을 향한 하나님의 첫 번째 명령은 변화를 요구했습니다. "아버지의 집을 떠나라"(창 12:1 참조). 사람들이 그 안에서 사는 거주지이자 되돌아가는 장소인 집은 안전을 의미합니다. 집은 영속적이고 부동함을 상징합니다.

성도들의 삶에서 '집'은 변화의 가장 큰 장애가 될 수 있습니다. 우리는 모두 습관의 존재입니다. 친숙한 환경과 일상을 따르는 것에 편안함을 느낍니다. 자리를 옮기는 것을 즐기는 사람은 아무도 없습니다.

히브리서 기자는 아브라함을 체류자라고 하는데 이는 객지에서 머물면서 계속되는 변화의 삶을 사는 자입니다. 이러한 생활양식의 한 줄기를 상상해봅시다.

> 믿음으로 그가 이방의 땅에 있는 것같이 약속의 땅에 거류(체류)하여 동일한 약속을 유업으로 함께 받은 이삭 및 야곱과 더불어 장막에 거하였으니 이는 그가 하나님이 계획하시고 지으실 터가 있는 성을 바랐음이라(히 11:9-10)

아브라함은 장막에 거주하는 사람이었습니다. 집이 영속성을 상징한다면 장막은 변천, 유동성, 진행, 자유를 상징합니다. 히브리서에서 아브라함은 지속적으로 이동하고 탐색하고 찾는 자로 묘사됩니다. 하나님께서는 우리 속에 이러한 역동성을 세우기를 바라십니다. 그래서 우리가 '추구하는 자' 가 될 수 있도록 말입니다. 하나님은 마음에 시온의 대로가 있는 자를 몹시 바라시는데, 이들은 일시적인 것에 매달리기보다는 영원한 것들에서 안전과 영속성을 찾는 자들입니다.

오늘날 교회의 가장 큰 약점 가운데 하나는 변화에 저항한다는 것입니다. 우리는 아브라함이 본을 보여준 체류하는 영을 좋아하지 않고, 집을 짓고 정착하기를 좋아하는 경향이 있습니다. 우리는 익숙하지 않은 영역으로 옮기라고 재촉하시는 하나님께 저항합니다. 주님께 매달리는 대신에 우리를 주님께로 데려왔던 그 진리에 훨씬 집착합니다. 침례교도들에게는 침례가 그것입니다. 성결 운동을 하는 자들에게는 성화가, 오순절 교인에게는 영적 은사들이 그것입니다. 이러한 진리들이 잘못된 것은 아니지만 우리가 완전하고 균형 잡힌 전체 안에서 하나님의 계시된 진리를 끌어안는 대신에 '총애하는' 교리들에 매달린다면 하나님께서 우리에게 주기 원하시는 새 땅을 소유하는 데 방해가 될 것입니다.

이스라엘의 이야기를 예로 들어보겠습니다. 광야에서 이스라엘 백성이 먹을거리와 환경에 싫증을 냈던 것을 기억할 것입니다. 그 결과로 하나님은 독사를 보내어 그들을 단련시키셨습니다. 나중에 하나님은 모세의 중보에 응답하시면서 놋 뱀의 형태로 구원을 베푸셨고 하나님의 규정을 기뻐하는 자들이 많았습니다. 후에 이스라엘 전 세대는 선조들이 만약 놋 뱀을 향하지 않았더라면 모두 하나님의 진노로 말미암아 진멸되고 말았을 것을 떠올렸습니다.

그러나 놋 뱀의 축복은 금세 복을 받은 당사자들에게 속박이 되고 말았습니다. 수백 년이 지나 히스기야의 재위 중에 바로 그 놋 뱀이 경배의 대상, 이스라엘이 가장 좋아하는 우상이 되었습니다(왕하 18:4). 하나님God을 증명해주는 것이었던 그 물건이 하나의 신a god, 즉 우상이 되고 말았습니다. 마찬가지로 바리새인들에게는 그리스도를 가르쳐주었던 바로 그 성경 말씀이 그리스도께 나아가는 데 방해가 되었습니다.

> 너희가 성경에서 영생을 얻는 줄 생각하고 성경을 연구하거니와 이 성경이 곧 내게 대하여 증언하는 것이니라 그러나 너희가 영생을 얻기 위하여 내게 오기를 원하지 아니하고 (오히려 거절하는도다)(요 5:39-40, 괄호는 AMP 역자 번역)

오늘날 바리새인과 같은 근본주의자들은 기록된 말씀에 지나치게 집중하여 도리어 살아있는 말씀을 그들의 한가운데에 묶어두는 위험에 빠졌습니다. 종교 단체나 성도 개인이든지 간에 하나님께서 약속하시고 주기를 원하시는 그 영역으로 더 깊이 들어가기보다 소중한 축복의 장소에 머무르며 편안한 신학이나 건물에 정착하라는 유혹으로부터 자유롭지 못합니다.

우리는 끊임없이 자신에게 물어야 할 필요가 있습니다. "나는 집에 살고 있는가, 아니면 장막에 살고 있는가? 나는 친숙하고 안전한 장소로 되돌아가고 있는가, 아니면 새로운 영적 최전방을 추구하며 그것을 정복해가고 있는가?"

하나님과의 관계

아브라함은 또한 하나님을 대하는 태도에서 우리에게 모범이 되고 있습니다. 성경은 이삭이 아버지 아브라함의 우물들을 다시 팠다고 밝힙니다(창 26:18). 우물들은 성경 속에서 반복적으로 등장하는 상징입니다. 웅덩이는 단지 물을 저장하는 곳이고 샘은 지표면에서 발견됩니다. 그러나 우물은 지하수층이 있는 곳까지 땅을 파내려가야 하는데, 그곳은 흙이 언제나 물에 흠뻑 젖어있는 곳입니다. 우물물은 시원하고 상쾌하며 무엇보다도 신선합니다.

예레미야는 이스라엘의 쇠퇴를 탄식하면서 하나님의 백성이 두 가지 통탄스러운 악을 저질렀다고 지적합니다(렘 2:13 참조). 첫째는 생수의 근원 되신 분을 잊어버린 것이고, 둘째는 스스로 만든 웅덩이에서 물을 떠 마신 것입니다. 나중에 그는 이스라엘이 나일 강과 유브라데 강에서 물을 마셨다고 말합니다(렘 2:18 참조). 하나님께서 그분에게 만족을 찾도록 의도하신 백성이 끝내는 자신들을 지배하고 억압하고자 했던 이방 나라인 애굽과 앗수르의 물을 마시려고 했습니다. 하나님의 백성이 목마름을 해소하려고 애굽으로 눈을 돌렸습니다. 그 나라는 '세상'이라고 불리는 세속적인 제도의 전형인데 말입니다.

입술로만 공언하는 그리스도인들은 그리스도 안에서보다 세상에서 더욱 만족을 구하면서 이와 동일한 상황으로 빠져들어 갈 수 있습니다. 영적 성인이 되고자 걸음을 재촉하는 성도로서, 우리는 하나님의 우물에서 깊이 들이마실 필요가 있습니다. 우리는 스포츠 기사를 읽는 시간을 줄이고 하나님의 말씀을 읽는 시간을 늘려야 합니다. 텔레비전 앞에서가 아니라 그분의 임재 안에서 한 시간을 보내게 될 때까지, 우리의 영이 갈증을 느끼게 해달라고 기도하면서 하나님을 향한 갈망을 키워 나가야 합니다. 하나님은 우리가 운동 경기장에서 좋아하는 팀을 응원하는 것보다는 그분의 백성과 예배하고 교제를 나누면서 그분의 집에서 더 많은 만족과 즐거움을 찾기를 바라십니다.

너무나도 자주 하나님의 백성은 갈증을 해소하기 위해 오염된 웅덩이에 의지하고 세상의 시냇물을 마십니다. 그러나 웅덩이와 시냇물은 가뭄의 때에 사라집니다. 절박하고 황량한 가뭄의 시대가 올 조짐이 보입니다. 이제 하나님의 임재와 능력, 공급하심의 물로 언제나 흠뻑 젖어있는 하나님의 깊은 것들을 파기 시작합시다.

옛 중국 속담에 이르기를 "목마르기 전에 우물을 파라"고 했습니다. 현명한 성도들은 이를 듣고 유의할 것입니다. 우리의 생존이 여기에 달렸을지도 모릅니다.

여러분은 어떤 근원에서 마시고 있습니까? 예수님께서는 여전히 외치십니다. "누구든지 목마르거든 내게로 와서 마시라"(요 7:37b). 그밖에 다른 아무것도 우리에게 만족을 줄 수 없습니다.

세 가지 중대 사안을 직면하기

영적 성인의 수준에 도달했을 때 우리의 모습에서 아브라함이 보이게 해야 합니다. 첫째, 제단 위에 우리 삶을 내려놓는 것에서 뒷걸음질하지 마십시오. 그리스도 안에서 새 생명을 얻을 수 있도록 우리의 이기적인 방식들이 죽게 하십시오. 둘째, 우리 삶에서 변화를 환영해야 합니다. 특별히 성경 말씀과 하나님의 방식들을 이해하는 데 있어서 그렇게 해야 합니다. 오래 붙들고 있던 친숙한 종교적 교리들에만 집착하지 말고 즐거이 이 장막의 말뚝을 뽑아 하나님 안에서 전진하십시오. 마지막으로, 우리의 목마른 영혼을 세상적인 추구로 만족시키려 하지 마십시오. 그것들은 우리를 계속 부족한 상태로 남아있게 만들 뿐입니다. 대신에 아브라함처럼 되어 생명수로 우리를 만족시킬 우물을 파십시오.

왕들을 위한 가르침  10장

 그들이 당도하기 전에 놀라운 사건들이 먼저 일어났습니다. 하늘에서 혜성이 나타나 세 개로 쪼개졌습니다. 호수물이 격렬하게 끓어올랐습니다. 불의 혀 같은 징조가 공중으로 타올랐고 하늘에까지 닿았습니다.
 이런 식의 주목할 만한 일들이 스페인 사람들이 발을 들이기 10년 전부터 일어나기 시작했습니다. 스페인 사람들이 올 것을 예견하는 조짐이었습니다. 이는 위의 조짐들을 그림문자로 그려두었던 노인들이 약 30년 후에 프란체스코Franciscan 선교사에게 전해준 내용입니다.
 이 늙은 정보원들에 따르면, 전령이 "기둥 혹은 작은 산들이 파도치는 바다 위에 떠있다"는 기별을 가져왔습니다. 그 배들은 1519년 봄, 유카탄 반도의 북쪽 해안에 정박했습니다. 행운의 지휘관 에르난도 코르테스Hernando Cortes는 흰색 피부에 전투복을 입고 대포와 말을 가지고서 주변을 압도하며 스페인 사람들을 이끌었습니다.

코르테스는 그를 맞이하러 온 인디언에게 인구 이천오백만의 강력한 아즈텍 제국의 황제 몬테즈마Montezuma를 만나고 싶다고 알렸습니다. 아즈텍은 당시 걸프해안에서부터 태평양까지 그리고 남쪽으로는 오늘날의 과테말라까지 넓게 뻗은 대제국이었습니다.

코르테스는 그 인디언에게 몬테즈마에게 금이 있느냐고 물었습니다. 그렇다고 알리자 코르테스는 대대로 전해 내려오는 그 유명한 문구로 말했습니다. "내게 그 금의 일부를 가져다주오. 나와 일행이 마음의 병으로 고통을 당하고 있는데 오직 금으로만 치료될 수 있소."

그 응답으로 몬테즈마는 몹시 사치스러운 선물을 코르테스에게 보내면서 병의 치료를 위해 필요한 양을 정하되 그와 황제가 만나는 것은 불가능할 것이라고 전했습니다.

코르테스는 낙심하지 않고 황제를 보기 위해 오늘날의 멕시코시티에 해당하는 아즈텍 수도로 출발합니다. 코르테스는 여러 마을과 도시 국가를 관통하면서 몬테즈마의 정복하에서 격분한 인디언들 사이에 반란을 일으켰습니다.

아즈텍 수도에 당도했을 때 스페인 사람들은 열 명의 마병이 옆으로 나란히 갈 만큼 넓은 포장도로에 진입했습니다. 그 길에서 사천 명의 잘 차려입은 궁궐 신하가 영접하였는데 이들은 평화의 신호로 스페인 사람들에게 머리를 숙였습니다. 이때 짧은 다리 바로 건너편에서, 몬테즈마가 황금과 푸른 깃털에 은고리가 매달린 겉옷을 입고 네 사람의 수행을 받으며 걸어오는 것이 보였습니다. 그는 왕실 공주 두 명의 팔에 기대어 있었습니다.

조신들이 몬테즈마보다 앞서 걸으며 바닥을 쓸고 그 위에 얇은 덮개를 깔아서 이 왕은 흙을 조금도 밟지 않았습니다. 황제는 코르테스와 수많은 인디언 동맹군에게 아름다운 궁전을 보게 하고 잠깐 동안은 간섭을 하지 말라고 지시했습니다.

진흙층과 고립된 언덕에 세워지고 인공 수로와 다리들로 연결된 이 도시는 경이로운 인간의 솜씨였습니다. 세 개의 길고 넓은 대로가 본토로 연결되었고, 수로가 산허리에서 솟아나는 신선한 물을 도시 한가운데로 흘려보냈습니다. 육만 명이 넘는 사람이 매일 엄청난 종류의 상품들을 사고팔기 위해 이 도시의 시장으로 왔습니다.

도시 전체에 수많은 아름다운 신전이 있었지만, 코르테스는 나중에 그중 하나에 대해 이렇게 말했습니다. "이 위대한 규모와 웅대함을 말로 표현할 수 있는 사람은 아무도 없다네." 주신전은 그 터가 약 70-80 야드를 차지했고, 두 개의 층계는 테라스와 두 사당까지 길이가 거의 200피트나 되었습니다. 그곳의 돌들은 인간 제물들의 피로 검게 얼룩져 있었습니다.

인간 제물을 바칠 때는 소름 끼치는 절차를 따랐습니다. 제사장이 희생자의 몸을 가르고 손을 집어넣어 여전히 박동하는 심장을 끄집어내어 신성시되는 그릇에 담아 바친 후에, 사체는 신전 계단 아래로 던져서 가죽을 벗기고 토막을 냈습니다. 해골은 거대 진열대로 보내졌는데 거기에는 십삼만 육천 개의 해골이 반듯하게 정렬되어있었다고 전해집니다. 종종 사체의 나머지는 대개 그 희생자를 사로잡은 전사가 의식의 일환으로 먹었습니다.

스페인 사람들은 몬테즈마가 그들을 살아서 가게 할 아무런 이유가 없다는 것을 문득 깨닫게 되었고, 결국 몬테즈마를 체포해서 그 도시에서 인질로 잡고 있자는 계획을 짜냈습니다. 몬테즈마가 무수한 경쟁국 우두머리들을 습관적으로 그렇게 영구적인 인질로 붙잡았던 동일한 방식으로 말입니다.

마침내 몬테즈마는 금에 대한 스페인 사람들의 갈증을 풀어주기 위해서 그의 개인 보물을 개방할 뿐 아니라 온 제국에서 선물을 회수하여 코르테스에게 주는 데 동의합니다. 전해지는 바에 따르면 몬테즈마의 선물에서도 금이 무척이나 많아 스페인 사람들이 그것을 살펴보는 데만 3일이 걸렸다고 합니다.

아즈텍 지도자 중 몇 명이 몬테즈마에게 스페인 사람들을 떠나보내거나 아니면 죽여야 한다고 말하기 시작한 바로 그때에, 코르테스가 처음 정박했던 지점에 열여덟 척 이상의 또 다른 스페인 선박과 군사 구백 명이 당도했다는 소식이 전해졌습니다. 아즈텍의 부를 차지하려는 경쟁자의 존재와 스페인 사람들 사이에서의 분열 가능성을 감지하고서, 코르테스는 백여 명 미만의 장병만 남겨두고 해안으로 떠났습니다.

코르테스는 경쟁 스페인 부대를 밤중에 기습 침공하여 그 지휘관을 감금했습니다. 천연두에 걸린 흑인 한 명을 포함해서 대부분의 군사가 새 지휘관 코르테스에게 넘어왔습니다.

그러나 아즈텍 수도에서는 코르테스가 남겨두었던 스페인 장병들이 대신전 광장 안뜰에서 연례 축제를 한창 즐기고 있던 인디언들의 머리를 베고 창으로 찌르며 맹공격하여 거주민들의 분노가 폭발했습니다. 아즈텍인들이 반격을 가하자 도시 전체가 완전히 전쟁에 휩쓸렸습니다. 무력한 황제는 도시가 참사당하는 것을 그저 바라볼 뿐이었습니다.

이 소식을 듣고 코르테스는 서둘러 수도로 향했는데, 그 길에서 온 나라에 반감이 팽배함을 발견했습니다. 코르테스와 그의 부하들은 도시 안으로 들어왔지만 자신들이 분노한 적군에 포위당한 채 공격받고 있음을 깨달았습니다. 결국 코르테스는 몬테즈마에게 궁전 지붕으로 가서 백성에게 싸움을 멈추고 스페인 사람들이 평화롭게 떠나도록 해주라는 말을 하라고 요청했습니다. 그러나 군중에게 모습을 드러낸 몬테즈마는 오히려 공격을 받아 상처를 입었고, 얼마 후 스페인 사람들의 손에 죽임을 당했습니다.

스페인 사람들이 도시를 탈출하려고 시도했지만, 아즈텍인들이 이미 수많은 다리를 파괴한 뒤였습니다. 다리가 끊긴 절벽과 골짜기 등을 건너가는 것은 큰 재난이었습니다. 말들이 미끄러져 물에 빠졌고 대포와 짐 상자, 꾸러미 등이 떠내려갔습니다. 옷 속에 금을 쑤셔 넣는 것에 가장 탐욕을 부렸던 사람들이 무게 때문에 누구보다 먼저 물에 가라앉았습니다. 그렇게 "죽는 자들은 부자로 죽었습니다."

탈출에 성공한 코르테스와 부하들은 다시 집결하여 도시 안으로 신선한 물을 공급하는 중심 수로를 훼손시켰고, 그때로부터 석 달 동안 도시를 포위하기 시작해 결국 도시를 붕괴시켰습니다.

마침내 스페인 사람들이 정복한 도시 안으로 다시 걸어 들어갈 때에 그들은 악취 때문에 손수건으로 코를 막아야 했습니다. 사체 더미 중에는 상처로 죽은 이는 그리 많지 않고 대부분 굶주림과 여러 질병, 특별히 천연두로 죽었습니다. 그 바이러스는 코르테스 부대를 통해서 멕시코로 옮겨진 것이었습니다.

코르테스는 엄청난 부와 권력을 갖게 되었습니다. 하지만 최후에는 살인과 잘못된 권력 행사에 대해 비난을 받으며 비탄에 잠긴 채 스페인에서 생을 마감했습니다. 천연두와 다른 전염병은 아즈텍 제국 전체로 확산되어 가라앉았다가 재발하기를 반복하다가 결국에는 추측컨대 이천오백만 전체 인구 중에서 이천이백만 명의 목숨을 앗아갔습니다. 이들의 죽음과 함께 아즈텍 문명도 함께 죽었습니다. 권력은 있으나 성품을 갖추지 못한 사람들이 무슨 짓을 저지를 수 있는지에 대한 엄숙한 증거를 남기면서 말입니다.[7]

자, 우리의 탐구로 다시 돌아옵시다. 탐욕과 욕망으로 끓어오른 권력 power은 위험하고 치명적입니다. 이것이 바로 하나님께서 다른 사람들을 인도하는 자들, 특별히 하나님의 이름으로 인도하는 자들에게 그분의 높은 기준과 원리들을 엄격히 지킬 것을 요구하시는 이유입니다.

---

7) Charles L. Mee, Jr., "That Fateful Moment When Two Civilizations Came Face to Face", *Smithsonian* (Vol. 23, No. 7, 1992년 10월), pp. 57-69에서 가져온 정보.

이중 기능

태초에 하나님은 사람을 이중적인 영적 기능을 갖도록 창조하셨습니다. 바로 왕과 제사장의 기능입니다. 이 부르심은 창세기에서부터 계시록에 이르기까지 줄곧 나오고 있습니다(출 19:3, 6; 벧전 2:5, 9; 계 5:10). 왕의 기능은 통치적이었습니다. 제사장의 기능은 희생적이고 중재적이었습니다.

하나님은 사람을 다스리도록 창조하셨습니다. 아담과 하와는 하나님과 친교를 나누면서 하나님께서 창조하신 모든 것에 대해 하나님과 함께 통치권을 가졌습니다. 이들의 신성한 임무는 땅을 정복하는 것이었습니다. 사귐을 통해 그들은 지배력을 부여받았습니다.

하지만 아담과 하와가 뱀의 속임수에 굴복했을 때 그들은 통치권을 상실했습니다. 그들에게서 그 영광이 거두어졌고 그들은 벌거벗고 맨몸이 되었습니다.

그러나 탕자가 아버지의 집으로 되돌아왔을 때 권위의 반지가 주어졌던 것처럼 그리스도 안에서 회복된 상태로 우리는 그분과 함께 하늘의 장소에 앉힌 바 되었습니다. 모든 정사와 권세보다 위인 그곳에서 우리는 왕으로서 통치해야 합니다. 그런데 축복받고 승리하는 통치를 하려고 한다면 우리는 반드시 왕 됨에 대한 하나님의 요구 사항에 충실해야만 합니다.

왕의 요건

이스라엘이 왕을 요구하기 오래전부터 하나님은 그분의 백성을 이끌 자들에게 요구 사항을 제시하셨습니다. 모세는 하나님께로부터 왕을 선택하는 데 있어서 본질적인 지침들을 구체적으로 통보받았습니다(신 17:14-20). 첫째, 왕은 반드시 이스라엘의 형제 가운데서 택해야 했습니다. 외국인은 왕이 될 수 없었습니다. 둘째, 왕은 그를 위하여 많은 수의 말을 두거나 말을 더 얻으려고 사람들을 애굽으로 돌아가게 해서는 안 되었습니다. 셋째, 왕은 많은 아내를 취하지 말라는 명을 받았습니다. 넷째, 왕은 은금을 많이 쌓는 것이 금지되었습니다. 그리고 다섯째, 왕은 하나님의 율법을 직접 등사해서 평생 동안 그것을 읽고 신중히 따라야 했습니다.

왕에 대한 하나님의 요구 사항들에서 통찰을 얻기를 구할 때, 여러분과 저는 이 지침들이 더 이상 우리에게 문자 그대로는 적용되지 않는다 할지라도 이것들이 "우리의 교훈을 위하여 기록된 것"(롬 15:4)이라는 사실을 반드시 염두에 두어야 합니다.

〈육체를 혐오하라〉

하나님께서 모세에게 내리신 첫째 요건은 외국인은 그분의 백성을 다스리는 자로 선택될 수 없다는 것이었습니다. 구약에서 외국인은 할례받지 않은 자였습니다.

할례 의식은 하나님의 언약의 백성이라는 연대의식에 합류할 자격을 주었고, 그 나라의 일원으로서 하나님께서 나라 전체와 맺으신 약속들을 그도 개인적으로 나누어받을 수 있음을 보장해주었습니다. 할례는 이스라엘 백성에게 하나님의 약속들과 그들이 맡은 의무들을 상기시켜 주었습니다.

할례는 인체에 행하는 것이었지만, 그 실제 강조점은 영적인 면에 있었습니다. 선지자들은 종종 이스라엘에게 표면적인 의식이 그 의미를 갖기 위해서는 반드시 '마음의 할례'를 수반해야 함을 일깨워주었습니다(신 30:6; 레 26:41). 바울도 영적인 변화를 동반하지 않는 표면적 할례의 위험을 이야기했습니다(빌 3:2 참조).

이 의식은 도덕적인 의미도 지녔는데, 은유적으로 할례가 마음과(신 30:6; 롬 2:29 참조), 입술(출 6:12, 30 참조), 그리고 귀에도(렘 6:10 참조) 적용되었기 때문입니다. 왕 됨을 위한 하나님의 요구 사항을 충족시키기 위해서 성도들은 결단코 육체의 타락한 욕망들이 작동하도록 허용해서는 안 됩니다(골 2:11-13 참조). 마음과 귀, 입술은 성결해져야 하고 더 이상 육체가 아닌 성령의 통치를 받아야 합니다.

하나님께서 사울을 대신할 왕에게 기름을 붓도록 사무엘을 보내시는 이야기에서 한 가지 중요한 원리를 발견할 수 있습니다. 사무엘 선지자는 처음에 이새의 맏아들을 보고 그 외모에 기초해서 선택을 내렸습니다. 그는 외면적으로 돋보이는 특성 때문에 엘리압이 적임자라고 확신하였지만, 하나님께서는 엘리압의 마음을 보시고 그를 거절하셨다고 사무엘에게 알려주셨습니다(삼상 16:7 참조).

엘리압의 마음 곧 그의 '내면'은 바르지 않았고, 결국 이 사실은 '외면적으로' 명백해졌습니다. 사무엘이 엘리압의 막내 동생인 다윗에게 기름을 붓고 얼마 지나지 않아서 다윗이 블레셋의 챔피언 골리앗에 대해 이스라엘 군인들과 대화하는 것을 엿들을 때에 엘리압의 진짜 본성이 드러났습니다.

> …그가 다윗에게 노를 발하여 이르되 네가 어찌하여 이리로 내려왔느냐 들에 있는 양들을 누구에게 맡겼느냐 나는 네 교만과 네 마음의 완악함을 아노니 네가 전쟁을 구경하러 왔도다(삼상 17:28)

'내면'은 '외면'을 결정합니다. 할례받지 않은 마음은 결국 성화되지 않은 삶을 초래합니다. 하나님께서 리더십의 직책을 맡은 자들에게 본이 되는 성품과 흠 없는 사람이 될 것을 요구하시는 것이 당연합니다.

〈자급을 버려라〉

구약시대에 말은 힘과 자기-의존을 상징했다는 것을 이해하지 못하면, 왕 됨의 요건으로 많은 수의 말을 보유하지 말라는 것이 이상한 요구처럼 들릴 수 있습니다. 다윗은 "어떤 사람은 병거 어떤 사람은 말을 의지하나 우리는 여호와 우리 하나님의 이름을 자랑하리로다"라고 말했습니다(시 20:7).

'왕'이 자신의 힘과 자원을 신뢰하기가 얼마나 쉽습니까. 우리는 반드시 독립하려는 욕망을 다스려서 하나님 앞에 겸손하고 의존적인 자세로 머물러 있어야 합니다.

바로 이러한 이유로 하나님께서는 다윗을 엄중히 훈련하셨습니다. 왕이 된 후에 다윗은 백성을 계수해야겠다고 마음먹었습니다. 그의 동기는 단순히 인구조사를 하는 것이 아니었고 그가 마음대로 할 수 있는 용사를 얼마나 보유하고 있는지 알고자 함이었습니다.

다윗의 군대 장관 요압이 인구조사를 말리려고 했지만 다윗은 고집을 부렸습니다. 왕은 그 자신의 힘에서 영광을 구했고 하나님은 그의 어리석음에 대해 그를 벌하셨습니다. 이로 인해 칠만 명이 목숨을 잃었습니다. 다윗이 영광을 구했던 바로 그것을 앗아간 것입니다. 어떤 사람이 슬기롭게 관찰하였듯이, 다윗의 열정적인 죄로 두 생명이 대가를 치렀습니다. 하나는 다윗의 교만한 죄가 목숨을 잃은 것이고, 둘째는 칠만 명의 목숨입니다!

하나님께서 의도하신 대로 다스리고자 한다면 주님께 전적으로 의존하는 것이 얼마나 중요한지 반드시 깨달아야 합니다. 자급적으로 변하는 순간 우리는 스스로를 잡다한 문제에 노출시키는 셈입니다.

이스라엘 왕은 또 말을 얻으려고 애굽으로 돌아가거나 다른 이들을 거기로 보내는 것이 금지되었습니다. 성경에서 애굽은 세상과 세상의 방식들, 그리고 우리의 이전 생활 방식을 상징합니다. 이사야가 애굽에 관여하는 것에 관해 이렇게 경고한 것도 이상할 것이 전혀 없습니다.

도움을 구하러 애굽으로 내려가는 자들은 화 있을진저 그들은 말을 의지하며 병거의 많음과 마병의 심히 강함을 의지하고 이스라엘의 거룩하신

이를 앙모하지 아니하며 여호와를 구하지 아니하나니…애굽은 사람이요 신이 아니며 그들의 말들은 육체요 영이 아니라…(사 31:1-3)

애굽은 사람의 수단과 사람의 자원, 사람의 지혜와 사람의 육체를 의지하는 것의 전형이었습니다. 다스리도록 부름 받은 사람으로서, 여러분과 저는 모든 자급함self-sufficiency을 포기하고서 약하고 믿을 수 없는 육체나 세상의 방식과 자원 대신에 하나님을 의지하는 것을 배워야 합니다.

〈성적 문란을 끊어라〉

이스라엘 왕의 세 번째 요건은 많은 아내를 취하지 말라는 것이었습니다. 왕은 자신의 정열과 욕망을 다스릴 줄 알아야 했습니다.

다윗의 아들 솔로몬은 뻔뻔스럽게도 이 명령을 무시한 사람의 비참한 예가 되었습니다.

솔로몬 왕이 바로의 딸 외에 이방의 많은 여인을 사랑하였으니 곧 모압과 암몬과 에돔과 시돈과 헷 여인이라 여호와께서 일찍이 이 여러 백성에 대하여 이스라엘 자손에게 말씀하시기를 너희는 그들과 서로 통혼하지 말며 그들도 너희와 서로 통혼하게 하지 말라 그들이 반드시 너희의 마음을 돌려 그들의 신들을 따르게 하리라 하셨으나 솔로몬이 그들을 사랑하였더라 왕은 후궁이 칠백 명이요 첩이 삼백 명이라 그의 여인들이 왕의 마음을 돌아서게 하였더라 솔로몬의 나이가 많을 때에 그의 여인들이 그의 마음을 돌려 다른 신들을 따르게 하였으므로 왕의 마음이 그의 아버지 다윗의 마음과 같지 아니하여 그의 하나님 여호와 앞에 온전하지 못하였으니…모압의 가증한 그모스를 위하여 예루살렘 앞 산에 산당을 지었고 또 암몬 자손의 가증한 몰록을 위하여 그와 같이 하였으며 그가 또 그의 이방 여인들을 위하여 다 그와 같이 한지라 그들이 자기의 신들에게 분향하며 제사하였더라 솔로몬이 마음을 돌려 이스라엘의 하나님 여호와를 떠나므로 여호와께서 그에게 진노하시니라 여호와께서 일찍이 두 번이나 그에게 나타나시고(왕상 11:1-4, 7-9)

한번 생각해보십시오. 솔로몬은 무지하거나 신비사술에 깊이 물든 이교도가 아니었습니다. 그는 하나님의 계명을 알았습니다. 그는 주님을 친밀하게 개인적으로 알았습니다. 주님이 그에게 두 번이나 나타나셨기 때문입니다. 그러나 그는 주제넘게도 하나님의 직접적인 명령을 명백하게 불순종했습니다. 그리고 이 불순종은 그의 가족과 그가 다스리는 나라에 돌이킬 수 없는 손실과 고통을 가져왔습니다.

얼마나 많은 하나님의 훌륭한 종이 이 영역에서의 실패로 무너졌습니까? 자신의 영을 다스리는 자기통제를 소유하지 못한 채 그들은 잠시 동안 스스로에게 죄의 기쁨을 허용하고 말았습니다.

잠언은 경고합니다. "네 마음이 음녀의 길로 치우치지 말며 그 길에 미혹되지 말지어다 대저 그가 많은 사람을 상하여 엎드러지게 하였나니 그에게 죽은 자가 허다하니라"(잠 7:25-26). 그리고 골로새서 3장 5절은 이렇게 명령합니다. "그러므로 땅에 있는 지체를 죽이라 곧 음란과 부정과 사욕과 악한 정욕과 탐심이니 탐심은 우상 숭배니라."

도덕적 타락의 풍조가 날로 증가합니다. 비참하게도 그리스도인 슈퍼스타들-TV 인사, 음악인, 작가, 그리고 자신들이 저지른 사례는 아무것도 아니라고 생각하는 교회 지도자들이 선두에 있습니다. 즉각적인 충격은 황폐함으로 나타납니다. 그리고 잇따라 오랜 치유를 요하는 상처와 쓴 마음, 혼란을 가져옵니다.

의지가 약한 이들과 강한 대조를 이루는 로티 문Lottie Moon의 사례가 열정이 불타는 지도자들에게 도전이 됩니다. 그녀는 북중국인들에게 복음을 전하는 데 있어서 독신 여성이라는 거대한 장애를 극복했습니다. 로티 문의 영향력을 통해 수천 명의 선교사가 파송되었고 수천 명의 영혼이 그리스도를 믿게 되었습니다.

우아한 외모와 아름답지만 강철의 의지를 담은 눈을 가진 이 사랑스러운 여인은 19세기의 독신 여성임에도 불구하고 자신이 영향력 있는 지도자가 될 수 있으리라고 믿었습니다. 로티의 자매 중에는 의사와 경영인이 있었지만, 로티는 선교에 헌신했습니다. 심지어 남자 친구가 그녀에게 프러포즈를 했을 때에도 이 헌신이 우선순위였습니다. 교수였던 이 청년은 진화론을 믿었고, 로티는 그의 신념을 인정할 수 없었습니다. 로티는 강렬한 감정을 느꼈지만 그의 결혼 제안을 거절했습니다.

수년 후 자신의 결정에 대해 질문을 받았을 때 로티는 이렇게 답했습니다. "하나님께서 먼저 제 삶을 요구하셨고, 헌신과 결혼이 서로 상충되었기 때문에 거기에는 선택의 여지가 있을 수 없었죠."

로티는 중국인 교회를 세웠는데 거기서 천여 명의 사람이 그리스도께로 회심하고 침례를 받았습니다. 긍휼이 많은 그러나 강인한 정신과 용기를 지닌 로티는 일부 귀에 거슬리는 말을 하는 것도 두려워하지 않았습니다. 그녀는 미국에 있는 그리스도인 남성들의 관심 부족을 꾸짖으며 이런 글을 적었습니다. "미국 남부의 백만 침례교인의 신앙을 다 합쳐도 중국인 단 세 사람의 신앙밖에 안 될 것입니다…천국에서는 이런 일들이 어떻게 보일지 궁금합니다. 중국에서 보면 미국의 그들은 분명 너무나도 이상합니다."

1900년 중국 의화단 사건이 발생한 이후에 로티는 그 갈등의 희생자들을 위해 부단히 수고하며 사역하였습니다. 천연두와 기근, 페스트와 지역 갈등으로 인해 로티가 살고 있던 펑라이 지역에 극심한 기근이 닥쳤습니다. 그녀는 사랑하는 중국인들을 돕기로 결정하고서 온 힘을 소진하여 생을 고갈시켰습니다.

친구들은 허약한 건강을 우려하여 그녀에게 미국으로 돌아가 의학 치료를 받으라고 종용했습니다. 1912년 크리스마스이브에 미국으로 돌아가는 배 위에서 로티는 숨을 거두었습니다.

이 용기 있는 여성은 그녀를 향한 하나님의 최고이자 최상의 목적을 빼앗아가는 열정과 개인적인 관심사를 허용하지 않았습니다. 그녀의 자기통제와 성결함으로 인하여 수천 명의 영혼이 하나님의 왕국에 들어갔습니다.

왕으로서 성공적으로 다스리기 원한다면 반드시 우리의 열정을 다스려야 합니다. 바울이 우리에게 상기시키듯이 우리는 반드시 몸을 단련시켜서 우리에게 복종시켜야 합니다. 그렇지 않으면 남에게 복음을 전파한 후에 도리어 버림을 당할 수 있습니다(고전 9:27).

선택은 단순합니다. 우리가 욕망을 통제하든 욕망이 우리를 통제하든 둘 중 하나입니다. 후자는 하나님을 향한 우리의 섬김을 훼손하고 우리 삶을 향한 하나님의 최고의 목적을 파괴시킵니다.

〈돈을 사랑함을 피하라〉

하나님께서 왕들에게 자제하기를 요구하시는 네 번째 영역은 개인적인 재정과 관련됩니다. "…자기를 위하여 은금을 많이 쌓지 말 것이니라"(신 17:17).

하나님의 말씀은 반복적으로 우리에게 부를 사랑하는 것에 대해 경고합니다. 이에 대해 정신이 번쩍 들게 하는 바울의 지령을 숙고해봅시다.

> 부하려 하는 자들은 시험과 올무와 여러 가지 어리석고 (쓸모없고, 신을 인정하지 않는) 해로운 욕심에 떨어지나니 곧 사람으로 파멸과 멸망에 빠지게 하는 것이라 돈을 사랑함이 일만 악의 뿌리가 되나니 이것을 탐내는 자들은 미혹을 받아 믿음에서 떠나 많은 (정신적인) 근심으로써 자기를 찔렀도다(딤전 6:9-10, 괄호는 AMP 역자 번역)

9절에서 "멸망"이라는 단어는 완전히 파괴되고 소멸하는 것을 의미합니다. 그 개념은 멸종이 아니라 파멸과 안녕well-being의 상실입니다.

10절에서 "찌르다"라는 단어는 쇠꼬챙이 위에 있다는 뜻입니다. 사람이 쇠꼬챙이에 꿰인 채로 화로 위에서 천천히 돌아가고 있는 모습을 상상해보십시오. 이것이 바로 믿음에서 빗나가 만족할 줄 모르는 탐욕으로 인하여 고문을 당하고 있는 영혼의 모습입니다.

아굴이 그의 풍부로 인하여 하나님을 부인하고 잊을까 봐 하나님께 부하지 않게 해달라고 구하는 것이 전혀 이상하지 않습니다(잠 30:8-9 참조). 씨와 거두는 자의 비유에서 예수님은 가시밭에 떨어져 결실치 못하는 씨에 대해 말씀하셨습니다.

> 가시떨기에 떨어졌다는 것은 말씀을 들은 자이나 지내는 중 이생의 염려와 재물과 향락에 기운이 막혀 온전히 결실하지 못하는 자요(눅 8:14)

그리고 돈 많은 젊은 통치자에게 하신 그리스도의 경고를 누가 잊을 수 있겠습니까? "재물이 있는 자는 하나님의 나라에 들어가기가 얼마나 어려운지"(눅 18:24).

번영에 대한 불균형적인 가르침으로 말미암아 사람들은 진리의 한쪽 면만을 듣게 되었습니다. 사실 축복받은 돈이 있고 저주받은 돈이 있습니다. 잘못된 동기와 수단으로 축적하고 사용한 돈이 탐욕과 교만, 권력에 굶주리는 저주를 가져왔습니다.

번영에 관해서 바울은 균형과 나눔을 주장했습니다.

> 이는 다른 사람들은 평안하게 하고 너희는 곤고하게 하려는 것이 아니요 균등하게 하려 함이니 이제 너희의 넉넉한 것으로 그들의 부족한 것을 보

충함은 후에 그들의 넉넉한 것으로 너희의 부족한 것을 보충하여 균등하게 하려 함이라 기록된 것같이 많이 거둔 자도 남지 아니하였고 적게 거둔 자도 모자라지 아니하였느니라(고후 8:13-15)

그 후 바울은 재정에 관해 더 많은 가르침을 주었습니다.

하나님이 능히 모든 은혜를 너희에게 넘치게 하시나니 이는 너희로 모든 일에 항상 모든 것이 넉넉하여 모든 착한 일을 넘치게 하게 하려 하심이라 기록된 바 그가 흩어 가난한 자들에게 주었으니 그의 의가 영원토록 있느니라 함과 같으니라 심는 자에게 씨와 먹을 양식을 주시는 이가 너희 심을 것을 주사 풍성하게 하시고 너희 의의 열매를 더하게 하시리니 너희가 모든 일에 넉넉하여 너그럽게 연보를 함은…(고후 9:8-11)

어떤 설교자가 말했듯이 "하나님은 우리가 돈에 빠져버릴 정도로 우리를 번성시키지 않습니다. 그분은 우리가 돈을 전달할 수 있도록 번성시키십니다."

왕은 권력의 자리에 있기 때문에 직임을 남용하고 그의 지위와 영향력을 이기적인 이익을 위해 사용하기가 쉽습니다. 하지만 그 결과는 슬픔과 고통입니다. 자신의 탐욕을 통제할 수 없는 자가 권력을 소유한 것보다 더 끔찍한 일은 없습니다.

〈하나님의 명령을 고수하라〉

하나님의 다섯 번째이자 마지막 요구 사항은 왕이 하나님의 율법에 철저하게 정통하고 그 명령을 고수하는 것이었습니다. 그는 직접 율법의 등사본을 기록해야 했습니다. 그는 그 등사본을 가까이 두고서 평생 읽어야 했습니다. 왜 그렇게 해야 합니까?

> …그의 하나님 여호와 경외하기를 배우며 이 율법의 모든 말과 이 규례를 지켜 행할 것이라 그리하면 그의 마음이 그의 형제 위에 교만하지 아니하고 이 명령에서 떠나 좌로나 우로나 치우치지 아니하리니 이스라엘 중에서 그와 그의 자손이 왕 위에 있는 날이 장구하리라(신 17:19-20)

누군가는 성경을 언급하며 이렇게 말했습니다. "이 책이 당신을 죄에서 멀게 하든가, 죄가 당신을 이 책에서 멀게 하든가 둘 중 하나다." 얼마나 예리한 관측입니까!

만약 왕이 하나님의 명령과 삶의 원리들에 무지했다면, 그가 하나님의 말씀을 무시했다면, 그러면 그는 쉽게 자신의 죄와 결점을 변명하고 합리화합니다. 머지않아 그는 말씀의 불변하는 기준에 자신을 맞추는 것이 아니라 자신의 욕망에 맞추기 위해 말씀을 왜곡하고 뒤트는 것을 우습게 여기게 됩니다. 결국 왕은 권력과 지위를 가진 수많은 사람이 빠지는 치명적인 덫에 걸리곤 합니다. 이 덫은 자기를 "그 형제보다 더 낫다"고 여기는 것입니다(신 17:20). 반드시 따라야 할 그 요구를 외면하면서까지, 율법을 넘어서서 말입니다.

우리가 만약 성공적으로 승리해 나가며 다스리기를 원한다면 반드시 하나님께서 그분의 종 여호수아에게 주신 명령에 순종해야만 합니다.

이 율법책을 네 입에서 떠나지 말게 하며 주야로 그것을 묵상하여 그 안에 기록된 대로 다 지켜 행하라 그리하면 네 길이 평탄하게 될 것이며 네가 형통하리라 (수 1:8)

번영, 성공, 부요는 하나님의 말씀과 그 각각의 명령을 날마다 묵상하는 성도들에게 상급으로 주어지는 것입니다.

삶 속에서 다스림의 열쇠

왕들을 향한 하나님의 기준은 엄격합니다. 자기통제를 배우지 않은 사람은 약하고 위험한 왕이 될 것입니다. 여러분과 제가 성숙한 성도, 하나님께서 왕으로서 신뢰하는 사람이 되고자 한다면 반드시 육체를 혐오하고 자급하기를 단념하고 음란을 삼가고 돈을 사랑하기를 피하고 하나님의 명령을 지켜야 합니다. 우리가 욕망을 그리스도께 내어드릴 때에 그분의 왕국이 우리 한가운데에 세워지고 우리는 그분과 함께 통치할 수 있습니다.

하나님께서 그분의 백성이 다스리기를 바라신다는 것에는 의문의 여지가 없습니다. 우리는 그분의 약속을 받았습니다. "이기는 그에게는 내가 내 보좌에 함께 앉게 하여 줄 것이다"(계 3:21a). 이 구절은 흔히 예언적으로 해석되고 있지만 저는 현재에도 적용된다고 생각합니다. 왜냐하면 하나님은 "또 함께 일으키사 그리스도 예수 안에서 함께 하늘에 앉히시"기 때문입니다(엡 2:6).

우리는 그분과 올라가 함께 앉아 있습니다. 그분은 우리에게 권력power과 권위authority를 주셨습니다. 비록 이 가르침이 때때로 극단적으로 적용되기는 하지만 그렇더라도 이 능력 있는 진리는 효력을 상실하지 않았습니다.

하나님께서는 그분의 백성이 삶 속에서 다스리도록 의도하셨습니다. 초대교회는 단지 복음을 수호하지 않았습니다. 그들은 복음을 증명해 보였습니다. 그들을 통해서 하나님의 능력은 말에서부터 치유와 축사를 가져오는 강력한 행동으로 변화되었습니다. 지옥의 능력은 그들이 전파하는 복음의 힘을 압도할 수 없었습니다. 도시들이 변화되었습니다. 세상은 하나님 때문에 전복되었습니다.

우리도 역시 기적과 이사를 행할 수 있습니다. 우리도 마찬가지로 인생들과 교회들과 도시들과 정부들의 변화를 볼 수 있습니다. 그러나 하나님께서 그분의 백성이 외면적으로 다스리도록 허락하시기 전에, 그분은 먼저 내면적으로 지배할 것을 요구하십니다. 내면은 외면으로 향하는 열쇠가 됩니다. 그리스도는 우리를 통해 그분의 왕국을 세우시기 전에 먼저 우리 안에 그분의 왕국을 세우려고 하십니다.

왕인가, 아니면 노예인가?

바울은 하나님의 넘치는 은혜와 그저 주시는 바 의의 선물을 받은 자들은 그분과 함께 바로 서 있으면서 "한 분 예수 그리스도를 통하여 생명 안에서 왕 노릇" 할 것이라고 선포합니다(롬 5:17).

그런 다음 다시 주의를 줍니다.

> 그러므로 너희는 죄가 너희 죽을 (일시적인, 소멸될) 몸을 지배하지 못하게 하여 몸의 사욕에 순종하지 말고 또한 너희 지체를 (그리고 재능들을) 불의의 무기(도구)로 죄에게 내주지 말고 오직 너희 자신을 죽은 자 가운데서 다시 (영구히) 살아난 자같이 하나님께 드리며 너희 지체를 (그리고 재능들을) 의의 무기로 하나님께 드리라 죄가 (더 이상) 너희를 주장하지 못하리니 이는 너희가 법 아래에 (노예들처럼) 있지 아니하고 은혜 아래에 있음이라(롬 6:12-14, 괄호는 AMP 역자 번역).

선택은 분명합니다. 자신을 하나님께 드려 죄 많은 육체에 지배력을 행사하고 삶 가운데에 왕으로서 다스리든지, 그렇지 않으면 죄에게 내어주어 죄가 우리 몸 안에서 왕처럼 다스리도록 허용하여 죄의 노예가 될 수 있습니다.

솔로몬은 이상한 역설을 말했습니다. "종들이 말을 타고 앉았고 왕자들이 종들처럼 두 발로 걸어가는 것을 내가 보았다"(전 10:7, 우리말성경). 종들은 말을 타고, 왕자들은 종들처럼 걸어갑니다. 여러분은 삶을 다스리고 있습니까, 아니면 죄가 여러분의 주인이 되도록 허용하고 계십니까? 여러분은 말을 타고 계십니까, 아니면 걷고 계십니까?

FOR GOD'S SAKE GROW UP!

제사장들을 위한 가르침

하나님께서는 인간이 태초부터 이중의 기능을 갖도록 의도하셨습니다. 바로 왕과 제사장의 기능입니다. 왕의 기능은 통치하는 것이었습니다. 제사장의 기능은 희생적이고 중재적이었습니다.

이스라엘은 애굽에서 해방된 후 모세에게 소리쳤습니다. "당신이 어찌하여 우리를 애굽에서 인도해 내어서" (출 17:3). 하나님은 모세에게 이렇게 말씀하심으로 응답하셨습니다. "너는 이같이 야곱의 집에 말하고 이스라엘 자손들에게 말하라…너희가 내게 대하여 제사장 나라가 되며 거룩한 백성이 되리라" (출 19:3, 6).

여러분도 알듯이 구약은 영적 원리들의 삽화집이라고 할 수 있습니다. 구약에서 자연적으로 일어난 것으로 보이는 일이 종종 영계에서 짝을 이루어 일어납니다. 하나님께서는 오늘날 교회에 진리를 전달하기 위해 구약의 유형과 상징들을 자주 사용하십니다. 실제로 로마서 15장 4절은 이전에 기록된 것은 우리의 교훈을 위하여 기록된 것이라고 말해주고 있습니다. 하나님께서 그분의 제사장들의 사역을 위해 구체적인 요구 사항들을 정해두신 레위기에서 이 같은 시각적 묘사의 예를 발견할 수 있습니다.

영적 예배를 위한 요건

제사장들에게는 레위 지파에 속하여야 한다는 요구 사항뿐 아니라 신체적인 요건들도 요구되었습니다. 예를 들어 맹인이나 절뚝발이는 제사장이 될 수 없었습니다(레 21:17-20).

그런데 만약 사람이 외모를 보고 하나님은 마음을 보신다고 한다면(삼상 16:7), 왜 하나님께서는 영적 예배를 위해 신체적인 완전함을 요구하셨던 것입니까? 그 대답은 신체를 하나님께서 그분의 백성, 특별히 지도자들이나 지도자가 되기 바라는 자들에게 기대하시는 영적 요건들에 대한 실물 교육이나 시각적 묘사에서 발견할 수 있습니다.

구약시대에 아론의 모든 아들은 제사장이었습니다. 아들들의 제사장적 신분은 이스라엘의 대제사장인 아론의 자손이라는 데에서 비롯된 것입니다. 우리 모든 그리스도인이 위대한 대제사장이신 그리스도와의 하나 됨을 통해 그분의 가족으로 태어났을 때 하나님 앞에서 제사장이 되는 것처럼 말입니다.

흠이 있거나 도덕적 오점이 있는 아론의 아들은 제사장의 기능에 부적합했습니다. 영적 예배를 위한 이런 신체적 요건들이 이제 더 이상 유효하지는 않지만, 이것들이 가르치고 있는 교훈을 간과하지 말아야 할 것입니다. 신약에서 하나님께서 장로 됨을 위한 특정한 요건들을 정해두시고 남들이 그들의 장로 됨을 바라야 한다는 기준을 제시한 것처럼, 마찬가지로 제사장적 사역을 위한 요건들을 통해서 하나님은 우리에게 기대하시는 기준들을 드러내십니다.

레위기 21장은 제사장의 섬김과 예배의 높은 사역을 수행하는 데 있어서 아론의 아들들에게 부적합했던 열한 가지 흠을 나열하고 있습니다.

> 여호와께서 모세에게 말씀하여 이르시되 아론에게 말하여 이르라 누구든지 너의 자손 중 대대로 육체에 흠이 있는 자는 그 하나님의 음식을 드리려고 가까이 오지 못할 것이니라 누구든지 흠이 있는 자는 가까이 하지 못할지니 곧 맹인이나 다리 저는 자나 코가 불완전한 자나 지체가 더한 자나 발 부러진 자나 손 부러진 자나 등 굽은 자나 키 못 자란 자나 눈에 백막이 있는 자나 습진이나 버짐이 있는 자나 고환 상한 자나 제사장 아론의 자손 중에 흠이 있는 자는 나와 여호와께 화제를 드리지 못할지니 그는 흠이 있은즉 나와서 그의 하나님께 음식을 드리지 못하느니라 그는 그의 하나님의 음식이 지성물이든지 성물이든지 먹을 것이나 휘장 안에 들어가지 못할 것이요 제단에 가까이 하지 못할지니 이는 그가 흠이 있음이니라 이와 같이 그가 내 성소를 더럽히지 못할 것은 나는 그들을 거룩하게 하는 여호

와임이니라(레 21:16-23)

비록 여러분과 제가 그리스도와의 살아있는 사귐 덕분에 하나님 앞에서 제사장이 되었다고 할지라도 제사장으로서의 우리의 특권은 의존적이고 조건부적입니다. 아론의 아들들처럼 우리들도 주님을 향한 더 높고 영예로운 사역들에서 배제될 수가 있습니다. 레위기 21장에 열거된 각각의 실격 사유를 면밀히 검토하여 오늘날의 성도들에게 주어지는 영적 의미들을 살펴봅시다.

〈맹인: 계시의 결핍〉

아론의 아들 가운데 맹인은 제사장의 의무를 수행할 수 없었습니다. 비록 여기서는 그 선제 조건이 신체적인 맹인에 관한 것이지만, 성경은 영적인 맹인에 대해 훨씬 더 자주 말하고 있다는 사실이 흥미롭습니다.

성경은 보지 못하는 눈과 듣지 못하는 귀가 있으나 하나님께서는 "그분의 영"을 통해 우리에게 계시하신다고 단언하고 있습니다(고전 2:9-10). 우리의 제사장적 부르심을 위한 본질적인 요건 중 하나는 우리가 영적인 일을 명확하게 지각할 수 있어야 한다는 것입니다.

성도들에게 지혜와 계시의 영을 주사 하나님을 알게 하시고 마음의 눈을 밝히사 하나님의 부르심의 소망을 알게 해달라는 바울의 기도에서 이 중요한 원리를 발견할 수 있습니다(엡 1:17-18 참조). 우리는 또 "내 눈을 열어서 주의 율법에서 놀라운 것을 보게 하소서"(시 119:18)라는 다윗의 기도에서 매우 중요한 이 핵심 사항을 볼 수 있습니다.

많은 이에게 하나님의 말씀(여기서는 성경)은 폐쇄적이고 건조하며 개인적인 의미가 거의 혹은 전무한 역사적 사건이 기록된 책일 뿐입니다. 마치 덮개가 그들의 생각을 덮고 있는 것 같아서, 그 덮개는 하나님의 영으로만 들어 올릴 수가 있습니다. 바리새인들의 정신과 영의 눈이 그러한 덮개로 가려져 있었기 때문에 예수님께서는 바리새인들을 "맹인을 인도하는 맹인들"이라고 꾸짖으셨습니다. 바리새인들은 자신들도 어디로 가고 있는지 잘 알지 못해서 다른 이들을 인도할 수가 없었습니다.

예수님께서 기름 부음을 받으신 이유 중 하나는 맹인들, 곧 신체적으로나 영적인 맹인 모두를 볼 수 있게 하시려는 것이었습니다. 엠마오 도상의 제자들처럼 우리의 눈과 정신을 열어주셔서 그분을 새롭게 보고 성경 말씀을 이해하도록 해주실 주님이 얼마나 간절히 필요한지 모릅니다. 그런 다음에 우리는 신약의 제사장들로서 더욱 만족스럽게 그분을 섬길 수 있습니다.

〈다리 저는 자: 일관성의 결핍〉

다리 저는 자는 모세 시대에 제사장의 기능에 적합하지 않았습니다.

"다리를 저는"lame이라는 단어는 '한 발로 뛰는, 망설이는, 또는 절뚝거리는' 의미입니다. 이는 일관성이 없는 사람, 영적인 삶이 한결같지 않고 예측되지 않는 사람, 그러면서도 쉽게 동요하는 경향이 있는 사람입니다.

아합이 통치할 때에 선지자 엘리야는 이런 말로 우상 숭배에 빠진 이스라엘에게 도전을 주었습니다. "…너희가 어느 때까지 둘 사이에서 머뭇머뭇 하려느냐 여호와가 만일 하나님이면 그를 따르고 바알이 만일 하나님이면 그를 따를지니라"(왕상 18:21). "머뭇머뭇"halt에 해당하는 바로 그 히브리어가 "다리 저는"lame으로 번역됩니다. 이스라엘이라는 한 나라가 하나님과 바알 사이에서 망설이고 있었습니다. 그들의 일관성 없음에 지쳐버린 엘리야는 선을 긋고서 이스라엘에게 이쪽인지 저쪽인지 어느 한 편을 선택하라고 요구했습니다. 더 이상 흔들리는 것은 허용할 수 없다는 것입니다. 더 이상의 변동도 있을 수 없습니다. 왔다 갔다 하는 것도 더 이상은 안 됩니다.

이와 마찬가지로 신약의 제사장은 환경이나 감정에 좌우되지 말고 일관적이고 한결같아야 합니다. 우리는 '예수님께서 행하시는 대로' 행해야 합니다.

〈일그러진 얼굴: 분별력의 결핍〉

심하게 망가진 코처럼 영구적인 흠으로 얼굴이 손상된 아론의 아들은 제사장의 임무에 부적격했습니다. 아시다시피 눈이 어떤 문제를 간파하는 것과 동시에 코도 무언가 잘못된 것을 식별할 수 있습니다. 제사장의 주된 기능 중 하나가 백성에게 부정한 것과 정한 것을 분별하도록 가르치는 것이었기 때문에(겔 44:23 참조), 제사장에게는 예리한 후각이 필요했습니다.

누구든지 흠이 있는 자는 가까이 하지 못할지니 곧 맹인이나 다리 저는 자

나 코가 불완전한 자나…(레 21:18)

언젠가 한 친구가 어느 날 밤 콧구멍으로 타는 냄새가 들어와서 잠에서 깨게 되었던 일을 제게 말해주었습니다. 몇 분 만에 그의 집이 불에 다 타버렸는데, 그는 가까스로 가족을 구할 수 있었습니다. 그 친구는 이 한마디로 그의 이야기를 간추렸습니다. "내 코가 나를 구했다네."

오늘날처럼 우리에게 분별력이 이토록 절실히 필요할 때는 없었습니다. 성경은 우리에게 모든 것을 신중하게 살피고 선한 것을 굳게 잡고 영적인 사람으로서 모든 것을 판단하라고 말합니다. 기브온 사람들이 여호수아를 속였을 때처럼(수 9:3-14) 혹은 야곱이 그의 아비를 속였을 때처럼(창 27장), 다 괜찮은 것처럼 보일 수가 있습니다. 그러나 예수님은 속임이 마지막 시대에 우리가 맞닥트릴 거대한 문제 중 하나일 것이라고 분명하게 가르쳐주셨습니다. 거짓 그리스도들과 거짓 선생들, 거짓 선지자들이 일어날 것이고, 기적과 이사로 택함 받은 자까지 속이려고 할 것입니다(마 24:24 참조).

오직 우리가 분별을 달라고 주님을 부르기 시작할 때에 원수의 속이는 술책들에서 구원을 받을 수 있습니다. 우리의 유일한 소망은 분별을 달라고 부르짖고 명철을 달라고 목소리를 높이는 것입니다. 그러면 우리는 분별할 것이고 하나님을 아는 지식을 발견할 것입니다(잠 2:3-5).

〈지체가 더한 자: 균형의 결핍〉

성도들의 책장은 흔히 그가 섭취한 영적 양식을 알려주는 훌륭한 지표가 될 것입니다. 우리들 대부분은 필요한 것보다는 좋아하는 것으로 자연히 끌려가는 경향이 있습니다. 시금치보다 아이스크림을 더 좋아하는 젊은이들처럼 우리도 자주 불균형한 영적 섭취로 고통을 겪습니다. 많은 그리스도인이 진리의 어느 한 면을 지나치게 강조하고 또 다른 면은 폄하하여 고통을 당합니다. 그러면 진리의 말씀을 올바르게 나누는 대신에 극단적으로 기울어지기가 얼마나 쉬운지 모릅니다. 율법 대 은혜, 믿음 대 행위, 은사 대 열매, 하나님의 주권 대 우리의 자유의지 등을 예로 들 수 있습니다.

그리스도의 삶을 살펴봅시다. 그분의 삶은 세 가지 범주 즉 그분의 인격, 목적, 그리고 능력으로 나눌 수 있습니다. 어떤 교회는 그분의 인격에 대단한 비중을 두고 그분의 성품에 가르침의 초점을 맞춥니다. 그 주제는 의와 거룩함 같은 것들을 강조합니다. 다른 교회들은 그분의 목적을 강조하여 복음주의와 선교의 가치를 강조합니다. 잃어버린 영혼을 구원하는 것이 최고의 목표가 됩니다. 반면에 기적과 치유의 필요를 보는 자들에게는 하나님의 능력이 강조되는데 이들의 식단은 오로지 초자연적인 것들입니다. 이들 관점 중에서 틀린 것은 아무것도 없습니다. 성경은 이들 각각을 풍성하게 뒷받침하고 있습니다. 그러나 다른 것을 업신여기면서까지 어느 한 가지를 강조한다면 불균형을 초래하고, 성도들은 어긋난 비율로 성장합니다.

하나님의 말씀은 우리가 모든 면에서 그분과 같이 자라야 한다고 가르칩니다(엡 4:15 참조). 우리는 그리스도 안에서 충만하게 되어야 합니다(골 2:10 참조). 여러분은 균형이 잡혀있습니까? 영적인 삶의 어떤 특정한 면이 균형을 벗어나지는 않았습니까?

〈발 부러진 자: 통치권의 결핍〉

하나님의 의도는 언제나 사람이 통치권을 갖는 것입니다. 성경 전체를 통틀어 발은 항상 통치권과 관련되어 사용되었습니다. 창세기에서 하나님은 사람에게 "정복하라"고 말씀하셨는데 이는 말 그대로 '밟아 뭉개다'라는 뜻이며 계시록에 이르기까지 사람에게 다스리는 권한이 있었습니다.

성경은 이 기본적인 원리의 예들로 가득 채워져 있습니다. 이스라엘은 그들이 발로 밟는 곳마다 하나님께서 그들에게 주실 것이라는 약속을 받았습니다. 모든 것을 그분의 발아래 복종케 하신 예수님은(엡 1:22 참조) 제자들에게 독사와 전갈을 짓밟고 원수의 모든 능력을 제어할 권세를 주셨다고 말씀하셨습니다(눅 10:19 참조).

오늘날 왜 이토록 많은 성도가 패배와 낙담으로 고통을 겪고 있습니까? 분명히 이들은 이기고 승리를 취하는 방법을 전혀 모른 채 살아갑니다. 신약의 제사장들로서 우리는 그리스도 안에서 우리가 가진 권위를 이해할 필요가 있습니다.

〈손 부러진 자: 능력 전이의 결핍〉

안수는 성경 전반에서 행해집니다. 누군가에게 손을 얹을 때 반복적으로 '능력 전이' impartation가 일어났습니다. 예수님은 치유나 복을 주시기 위해 자주 사람들에게 안수하셨고 어린아이들에게도 그렇게 하셨습니다. 사역을 위해서 성령님에 의해 구별된 자들에게도 안수하였습니다. 안수를 통해서 사람들은 성령 충만과 또 성령의 은사들을 받았습니다. 모세가 여호수아에게 안수하였을 때 그는 지혜를 받았습니다.

하나님은 생명을 나누어주는 자가 되라고 우리를 부르셨습니다. 손 부러진 자들은 다른 이들에게 사역을 할 수가 없습니다. 대신 이들은 다른 이들로부터 사역을 받아야 합니다. 여러분과 저는 예수님과 함께 이렇게 말할 수 있어야 합니다. "나는 섬김을 받으려 함이 아니라 도리어 섬기려고 왔노라…"(마 20:28 참조)

〈등 굽은 자: 해방의 결핍〉

저는 어릴 때에 아버지가 담임하시는 교회의 성도 가운데 한 나이 많은 여성이 끔찍하게 등이 굽었던 것을 기억합니다. 그녀는 상태가 워낙 나빠서 올려다볼 수가 없었고 고개를 언제나 아래로 숙이고 다녔습니다.

이와 비슷하게 그리스도인의 삶에 있어서 일부 성도들도 실패와 불안에 매인 영적 '꼽추들' 입니다. 끊임없이 아래를 보고 안을 들여다보면서 이들은 결코 그리스도께서 가져오실 수 있는 해방을 맛보지 못했습니다. 주께서 그의 영광이며 그의 머리를 드시는 분임을 기뻐하는 시편 기자처럼 우리도 그렇게 고백하고 기뻐할 수 있어야 합니다.

누가는 18년 동안이나 등이 굽어 똑바로 펼 수가 없었던 여인에 대해 이야기하고 있습니다. 그녀는 아브라함의 참된 딸이었고 하나님의 집에 신실하게 출석했지만, 그러나 매여있었습니다. 누가는 이 소중한 그러나 등이 굽은 여인이 치유하시는 예수님을 만났을 때 무슨 일이 일어났는지 이렇게 설명합니다.

> 예수께서 보시고 불러 이르시되 여자여 네가 네 병에서 놓였다 하시고 안수하시니 여자가 곧 펴고 하나님께 영광을 돌리는지라(눅 13:12-13)

여러분의 삶 속에 곧게 펴져야 할 영역이 있습니까? 그것들을 예수님께로 가지고 오십시오. 그분의 진리와 치유의 능력이 여러분을 자유케 할 것입니다.

〈키 못 자란 자: 성숙의 결핍〉

난쟁이는 그리스도 안에서 그의 온전한 잠재력에 한 번도 도달해본 적이 없는 성도를 상징합니다. 신장이 다 자라지 못한 채로 그는 젖먹이로 남아있습니다.

바울은 고린도 성도들에게 키가 자라지 못하고 미성숙한 상태에 대해 묘사를 해줍니다. 바울은 이들에게는 고기가 아니라 오로지 우유만 먹일 수 있음을 알려줍니다. 히브리서 기자도 미성숙한 자들에게 성장할 시간이 있었고 선생이 되었어야 하는데 아직도 여전히 가르침을 받아야 할 필요가 있는 것에 대해 훈계합니다.

왜 어떤 성도들은 결코 자라지 않는 것일까요? 젖먹이로 남아있는 것에 만족하는 자들이 있습니다. 어떤 이들은 가르침의 부족으로 인하여 그들을 향한 하나님의 의도에 무지합니다. 그리고 대부분은 그들 마음의 토양이 얕고 바위가 많아 스스로 뿌리를 내리지 못하고 남들에게 그들의 필요를 충족시켜달라고, 또 갈등이나 고난, 박해가 올 때에 그들의 문제를 해결해달라고 의존합니다(마 13:20-21 참조).

그리스도인의 삶은 언제나 진보합니다. 우리는 믿음에서 믿음으로, 승리에서 승리로 나아가며, 그리스도를 아는 지식에 있어서도 계속 증가하고 풍성해져야 합니다. 만약 여러분이 성장하기를 멈추었다면 단순하게 다시 출발해야 합니다. 성숙으로 발을 내디디십시오. 날마다 하나님의 말씀으로 여러분의 영에 양분을 주십시오. 여기에는 하나님의 말씀을 공부하고 그것에 순종하기로 하는 진실한 갈망과 결연한 노력이 요구됩니다. 하지만 그 보상으로는 영적 성장의 분발이라는 결과가 있을 것입니다.

〈눈에 결함이 있는 자: 정화(淨化)의 결핍〉

결함이 있는 눈은 밝은 시각과 총명이 결핍된 성도를 대표합니다. 빛을 전혀 볼 수 없는 맹인과 달리, 빛은 있으나 초점을 적절히 맞출 수 없거나 밝게 볼 수 없는 사람이 있습니다. 예수님께서 기도해주셨던 맹인처럼 이들은 오로지 "사람들이 나무들처럼 걸어가는 것"을 봅니다. 하지만 예수님께서 그를 잠깐 만지시자 그는 모든 것을 밝히 보았습니다(마 8:22-25).

많은 그리스도인이 근시안적이며 멀리 볼 수가 없습니다. 이들은 원대한 비전을 거의 갖고 있지 않습니다. 반면 어떤 이들은 원시안적이지만 무언가를 근접해서 볼 수가 없습니다. 둘 다 영적인 감각에 어려움을 주는 문제들입니다.

　근시안적인 사람은 현재를 무척 잘 취합니다. 그러나 환경과 시련으로 수렁에 빠지게 됩니다. 그는 하나님께서 그를 통해 미래에 이루실 수 있는 것들을 볼 수 없습니다.

　반면에 원시안적인 사람은 결코 현재와 타협하지 않습니다. 그는 비현실적인 미래에서 삽니다. 잠언 17장 24절에서 말하듯이, "…미련한 자는 눈을 땅 끝에 두느니라."

　하나님은 그분의 백성을 향해 오직 한 가지 기준을 두십니다. 그것은 바로 온전함perfection입니다. 하나님은 사랑과 인내로 우리를 있는 모습 그대로 수용하시지만, 우리로 그렇게 되도록 친히 설계하신 이상적인 모습을 계속 품고 계십니다. 그러므로 우리는 반드시 계속해서 "믿음의 주요 또 온전하게 하시는 이인 예수를 바라봅시다"(히 12:2 참조).

〈습진이나 버짐이 있는 자: 순결함의 결핍〉

　성경 전반에서 여러 다양한 피부 상태는 죄와 반역, 악의 전형으로 사용됩니다. 예를 들어 문둥병은 성경에서 한결같이 반역과 연결됩니다. 불순종에 대해 이스라엘에 내리신 하나님의 형벌 가운데 하나는 그들을 "종기와 피부병과 가려움"들로 저주하시는 것이었습니다. 이 나라의 죄악 된 내면의 상태는 외면으로 드러났습니다. 이사야가 이스라엘의 죄 많은 상태를 머리끝에서 발끝까지 상처로 뒤덮인 몸에 비유한 데서 이 원리가 시각적으로 표현되고 있습니다.

　제사장과 영적 지도자들의 삶에서 죄는 특히 비극적일 수 있는데, 하나의 죄악 된 사례에 어떤 피부질환처럼 전염성이 있을 수 있기 때문입니다. 하나님의 대리인으로서 제사장은 나무랄 데 없이 본이 되는 삶을 살아야 했습니다.

그리스도는 교회를 점이나 주름 없이 회복시키고 계십니다. 정말이지 우리에게 거룩함과 순결함의 새로운 움직임이 얼마나 필요한지 모릅니다. 왜냐하면 제사장들은 "…거룩하고 그들의 하나님의 이름을 욕되게 하지 말아야" 할 것이기 때문입니다(레 21:6 참조).

〈고환 상한 자: 재생산의 결핍〉

구약시대에 불임, 곧 재생산의 불능보다 더 심한 치욕은 없었습니다. 잠언은 만족될 수 없는 세 가지가 있는데 그중 하나가 임신 못하는 자궁이라고 지적합니다.

그분의 자녀들을 향한 하나님의 갈망 중 하나는 우리가 다른 이들을 그리스도께로 인도하고 그들 안에서 그리스도의 형상이 이루어지는 것을 보는 기쁨을 경험하는 것입니다. 하나님의 말씀은 약속합니다. "지혜 있는 자는 궁창의 빛과 같이 빛날 것이요 많은 사람을 옳은 데로 돌아오게 한 자는 별과 같이 영원토록 빛나리라"(단 12:3). 여러분의 상태는 어떻습니까? 열매를 많이 맺고 있습니까, 아니면 열매를 맺지 못하고 있습니까?

하나님을 섬기는 제사장들

우리는 하나님께서 섬김을 위해 친히 택하신 자들에게 어떤 자질들을 요구하시는 것을 이해할 필요가 있습니다. 우리 신약의 제사장들은 또 다른 율법 시대에 살고 있기는 하지만, 그럴지라도 하나님은 여전히 그분의 백성이 적합하고 갖추어져 있으며 모든 선한 일에 구비되어있기를 요구하십니다(딤후 3:17 참조).

우리는 "죽은 것" 곧 땅을 오염시키는 것들로 끊임없이 더럽혀짐으로 말미암아 모두 부정하지만, "우리의 생명이 그리스도와 함께 하나님 안에 감추어"졌고 그분과 가지는 살아있는 사귐으로 인해 여전히 제사장들입니다. 그럼에도 우리를 향한 그분의 가장 높고 가장 거룩한 목적들을 섬기는 데 있어서 우리를 부적합하게 만드는 결점들과 끊임없이 싸우고 있습니다. 이를테면 기질상의 약점, 성품에서의 연약함, 의지와 목적에서의 우유부단함, 도덕적으로 불순전함, 영적 근시안, 일그러진 영들, 마음의 불완전한 상태 등입니다.

우리는 모든 그리스도인이 친밀한 사귐이나 그리스도와 매우 밀접한 상태를 이상적으로 즐기고 있다고 간주해서는 결코 안 됩니다. 모든 성도가 아들 됨을 즐기지만, 우리의 결점들은 섬김의 여러 다양한 수준에서 우리를 더 낮은 자리로 격하시키고 우리에게서 높고 거룩한 많은 특권들을 빼앗아갈 수 있습니다.

우리가 위엄 있는 자리를 차지하고 대중의 시선을 받으며 행하게 된다면, 우리에게 요구되는 하나님의 기준은 가장 고결한 자질들을 갖춘 성품입니다. 반면 가장 낮고 가장 대중적이지 않은 사역들일지라도 하나님께는 신성한 것입니다. 우리가 그분의 능력을 소유하고 그분의 넘쳐흐르는 임재를 즐기고자 한다면, 반드시 사적인 행위에서 모순이 없어야 합니다. 우리는 모든 금지된 것으로부터 자신을 분리시키고 모든 명령에 따라 자신을 성결케 하여야만 합니다.

고대의 제사장은 신체적으로 완전할 것이 요구되었는데 그는 이스라엘의 대제사장 메시아에게서 발견되는 완전한 인성을 대표하였기 때문입니다. 신약의 제사장들로서 여러분과 저는 '그 전체가 사랑스러운' 완전한 제사장이신 우리 주 예수 그리스도를 대표합니다. 모든 면에서 그분을 본받아 그분처럼 되기를 힘쓰시기 바랍니다.

3부
...
비전을 성취하기

FOR GOD'S SAKE GROW UP!

중보 사역 12장

사역은 성숙의 자연스러운 결과물입니다. 모든 성도가 목사나 교사, 복음 전도자나 선지자 혹은 사도로 부름 받은 것은 아니지만, 그리스도의 몸 안에 있는 이는 누구나 사역자로 부름 받았습니다.

구약의 제사장 사역은 제사와 예배의 한 가지였습니다. 문자 그대로 제사지내는 일은 더 이상 우리 책무가 아닙니다. 그리스도께서 죄에 대한 궁극의 희생 제물이 되셨기 때문입니다. 그러나 새 계약 아래 있는 제사장들로서, 여러분과 저는 영적인 제사를 그리스도를 통해 하나님께 드려야 합니다(벧전 2:5 참조).

저는 신약이 우리에게 세 가지 일정한 사역을 맡겼다고 생각합니다. 중보와 송축, 그리고 선포입니다. 먼저 우리의 제사장적인 중보inter

-cession 사역을 중점적으로 살펴봅시다.

중보 기도

도대체 중보 기도는 무엇입니까? 저는 『Prayer: Finding the Heart's True Home』(기도: 마음의 참된 집을 발견하기)의 저자 리처드 J. 포스터가 한 말을 좋아합니다.

> 만약 우리가 사람들을 진실로 사랑한다면, 우리는 그들을 위해 우리의 능력으로 줄 수 있는 것보다 훨씬 더 많은 것을 바랄 것인데, 이는 우리를 기도로 데려갑니다. 중보는 다른 이들을 사랑하는 한 방법입니다.
>
> 간구에서 중보로 옮겨갈 때에 우리의 무게중심은 자신의 필요에서 다른 이들의 필요와 관심사로 이동하는 것입니다. 중보 기도는 사심 없는self-less 기도이며, 심지어 자기희생적인self-giving 기도입니다.
>
> 하나님의 왕국에서 계속되는 일 중에서 중보 기도보다 더 중요한 것은 아무것도 없습니다. 오늘날 사람들은 우리가 그들에게 줄 수 있는 도움을 절실히 필요로 합니다. 결혼 생활이 산산이 부서지고 있습니다. 자녀들이 망가지고 있습니다. 각 사람들은 목적이나 미래가 없이 절망적인 삶을 살고 있습니다. 그리고 우리는 변화를 가져올 수 있습니다…우리가 그들을 대신하여 기도하는 법을 배운다면 말입니다.
>
> …하나님께 임명받고 기름 부음 받은 제사장들로서, 우리는 다른 이들을 대신해 가장 높으신 분 앞에 나아갈 수 있는 영예를 지녔습니다. 이

는 선택 사항이 아닙니다. 신성한 의무입니다. 그리고 귀중한 특권입니다. 그리스도의 멍에를 메는 모두에게 말입니다.[8]

구약시대 때 대제사장이 성막에 들어갈 때마다 그는 열두 지파의 이름으로 주님 앞에 나아갔습니다. 그는 하나님 앞에서 그들을 대표했고 그들을 대신해서 간청하였습니다.

이와 비슷하게 우리의 대제사장이신 예수님은 "항상 살아계셔서 우리를 위하여 간구하십니다"(히 7:25 참조). 우리 기도는 우리의 영원한 중보자의 기도로 뒷받침되고 강화됩니다.

바울은 디모데에게 모든 사람을 위해 중보하되 (우리가 고요하고 평화로운 삶을 살도록) 우리를 위해서 뿐만 아니라, 모든 사람이 구원을 받고 진리를 아는 데 이르게 되기를 바라시는 하나님의 갈망 때문에 그렇게 하라고 권고합니다(딤전 2:1-4 참조). 교회가 이러한 원리들을 신실하게 유지해왔다면 세상의 상태가 오늘날과 같지는 않았을 것입니다.

열방은 하루아침에도 태어날 수 있습니다. 그러나 오직 시온은 아이를 낳는 해산의 수고를 할 때에라야 합니다. 여러분과 저는 열방을 우리의 유업으로, 땅의 끝까지를 우리의 소유로 달라고 하나님께 구하라는 도전을 받고 있습니다. 그러나 우리가 왕들과 귀족들에게 쇠고랑을 채워 묶고 열방에게 복수를 행하는 길은 기도와 찬양을 통해서입니다 (시 2:8-10 참조).

---

8) Richard J. Foster, *Prayer: Finding the Heart's True Home* (New York, NY: HarperCollins Pub., 1992), p.191.

기도는 가장 가망 없는 것 같은 일을 가능하게 하고 가장 기대할 수 없는 일을 영광스러운 감탄이 되게 합니다. 중보는 경계가 없습니다. 그 길에 한계가 놓여있지 않습니다. 그러고 보면 우리가 기도에 관해서 이해하지 못하게 우리 눈을 가리려고 원수가 힘써 수고하는 것도 놀랄 일이 아닙니다.

일반 성도들에게 기도는 단지 요구하는 형식이며 죄책을 덜어내고 영성을 가늠하는 수단입니다. 열방이 하늘의 방문을 받고, 사탄의 속임으로 눈이 멀었던 자들이 보게 되고, 종교적인 속박으로 감옥에 갇힌 자들이 그리스도로 말미암아 자유케 되기까지, 기꺼이 하나님께 매달려있을 참된 중보자들은 어디에 있습니까?

우리의 불가능을 내려놓기

기도는 하나님에게서 시작합니다. 기도는 십자가가 내포하는 의미들을 가지고서 그것을 시행하시는 하나님의 본성에 속한 활동입니다. 우리는 그리스도와 함께 모든 통치와 권세보다 위에 있는 하늘의 장소에 앉아있도록 부름 받았습니다. 우리에게 하나님의 능력을 풀어놓는 '열쇠'가 주어졌습니다. 그리스도는 그분의 십자가로 우리의 무기력과 마비 상태를 사로잡아 완전히 파기하셨고, "새로운 살 길로" 그분의 전능함과 통치권으로 들어가는 영원한 대로를 수축하셨습니다(히 10:19-22; 엡 2:18 참조).

이곳 십자가는 이제 그것으로 나아올 모든 이에게 활짝 개방된 영역입니다. 여기서 우리는 거리와 공간, 무지와 반대, 좌절과 혼란 그리고 어떤 이름으로 불리든지 모든 장애물로 인한 문제들을 타파합니다. 전부 그리스도로 말미암아 그분의 십자가를 통해 정복당합니다. '불가능'은 그분과의 하나 됨 안에서 우리의 한계인 동시에 그분의 한계가 됩니다. 그렇기 때문에 한계를 능히 돌파하시며 그분이 가시는 곳에 우리도 갈 수 있습니다. 그분이 하시는 것을 우리도 할 수 있습니다. 더욱이 하나님의 모든 약속은 그리스도 안에서 우리를 통해 성립되어야 합니다(고후 1:20 참조). 천사들을 통해서가 아니라 구속받은 우리를 통해서 말입니다!

얼마나 놀라운 복음입니까. 이런 삶이 또 어디에 있습니까. 정말 굉장한 부르심입니다. 그리스도인의 삶은 가능한 것이 아니라 불가능한 것에 관계가 있습니다. 이는 또 다른 영역이며 또 다른 질서이며 또 다른 법입니다. 기도하는 자에게 십자가는 하나님께 은혜로 나아갈 수 있도록 개방되어있을 뿐만 아니라 다른 사람과 접촉이 일어나도록 해줍니다. 그리스도를 통해서 세계 어디에 있는 사람에게라도 그의 마음에 다가갈 수 있는 피 묻은 선로가 마련되었습니다. 믿음 안에서 이러한 진리에 따라 행한다면, 우리는 대륙을 가로질러 나라들 안으로 침범해서 하나님의 프로그램을 가동시킴으로써 새 역사를 만들 수 있습니다. 이는 믿음의 일이며 기도를 통해 작용합니다. 그렇지 않았다면 제자들은 결코 "나라가 임하시오며 뜻이 하늘에서 이루어진 것같이 땅에서도 이루어지이다"라고 기도할 수 없었을 것입니다.

기도에서 거리는 아무 상관이 없습니다. 기도는 소리의 속도보다 더 빨리 '도달' 합니다. 하지만 그보다 훨씬 더 훌륭합니다. 하나님은 상식과 무언의 추리, 배제된 논리를 청산하시고, 매일의 사건에 기적적인 일들을 일으키심으로써 그분의 전능한 능력을 증명해보이십니다. 그 밖에도 하나님께서 "그들이 부르기 전에 내가 응답하겠고"라고 말씀하신 이사야 65장 24절을 어떻게 해석할 수 있겠습니까. 하나님께서 우리의 필요뿐만 아니라 우리의 기도들도 미리 아신다는 것이 얼마나 큰 축복입니까!

기도하는 사람은 그들의 요청을 말로 표현하기 전에 당신이 그 요청을 듣고 뭐라고 대답할지를 미리 알고 있습니다. 이는 그리스도와의 하나 됨과 하나님과의 동역에 따르는 자연스러운 결과입니다. 이는 바울이 "하나님의 아들과 더불어 교제하도록 부르시는" 것이라고 표현한 하나님의 보편적 목적 안에서 그분과 함께 연결되어있는 대단한 일입니다. 이것이 바로 하나님의 뜻이고 행동하는 기독교입니다!

그리스도는 누구든지(누구나, 어디서든, 언제라도) 그분께로 올 수 있도록 죽으셨습니다. 그렇다면 성도들에게 개방된 방대한 활동 분야를 생각해보십시오. 쓰임 받기를 원하십니까? 여기 기회가 있습니다. 성취감을 원하십니까? 기도만큼 좋은 것이 없습니다. 그리스도와의 살아있는 연합을 위해 기도하십시오. 타락으로 인한 좌절과 파괴에 도전장을 내미십시오. 하나님의 영원한 목적을 그분의 십자가에서 시행하실 것을 주장하고 우주를 품으십시오.

원수의 책략 알아차리기

원수는 우리가 만약 제사장들로서의 부르심에 응답하여 일어난다면 그의 목적들이 심각하게 방해받을 것이라는 사실을 늘 염두에 두고 있습니다. 이 때문에 원수는 우리의 충만한 잠재력을 보지 못하게 하려고 방법을 항상 모색합니다. 그가 마음대로 쓸 수 있는 많은 도구, 곧 의심과 두려움, 실패와 무지 등을 사용하여, 단순히 그것들의 용도를 알지 못하는 데로 우리를 이끌어가려고 힘씁니다.

〈의심과 낙담을 보내기〉

어쩌면 여러분은 잠시나마 꾸준히 기도할 때도 있을 것입니다. 그런데 그 시간을 훼방하는 어떤 일이 당신에게 발생합니다. 낙담이 자리 잡습니다. 아마도 여러분은 하나님과 함께 행하는 다른 영역에서도 휘청거리게 됩니다. 여러분이 그리스도 안에 올바로 닻을 내리고 있지 않다면, 참소자는 여러분에게 손가락질을 할 것입니다. 그는 여러분의 입을 막고 마비시키려고 시도할 것이고, 여러분은 부수적인 모든 불행과 참사를 겪으며 기도하기를 멈추기로 마음이 기울어지는 것을 느낄 것입니다. 터무니없습니다!

우리가 걸려 넘어졌다고 해서 기도할 권리가 없다고 간주한다면 정말 소름끼치는 착오입니다. 그러나 우리는 너무 쉽게 그렇게 믿어버리기 때문에 기도 시간을 빼먹거나 아예 없애버립니다. 그러면 마귀는 기뻐하며 웃습니다. 우리가 구속적인 능력을 사용하여 그가 잡은 포로들을 해방하고, 그의 정부를 전복하며, 그에게 파멸 선고를 집행할 기회를 그가 잠시 강탈하는 데 성공하였기 때문에 말입니다.

그렇다면 이번만은 제대로 풀어봅시다. 여러분이 어떻게 느끼든지 관계없이 여러분이 하나님께로 나아갈 자격을 얻고 유지할 수 있는 단 하나의 기초는 바로 그리스도께서 완수하신 일입니다.

에베소서 2장 18절에 바울이 기록하고 있듯이, "그분을 통해 우리가…한 성령으로 말미암아 아버지께 나아감을 얻습니다"(KJV 역자 번역). 바울은 "하나님께 나아감" 얻었다고 밝힙니다! 언제라도 어떤 상황 가운데서도 즉각적이고 개인적으로 여러분의 하늘 아버지께로, 그리고 그분을 통해 세상으로 나아갈 수 있게 되었음을 담대하게 믿으시기를 바랍니다.

〈우리 무기들을 파괴하기〉

사울이 다스릴 때에 블레셋은 간사하게도 이스라엘 내의 대장장이를 모조리 멸절하였습니다. 왜 그랬습니까? 무기가 없는 군대는 능력이 없는 군대이기 때문입니다. 이를 깨닫지 못한 채로 이스라엘은 점차로 무방비상태가 되어갔습니다. 그 당시 대장장이는 전쟁 무기를 갈고 닦는 책임을 맡고 있었습니다. 나라에 검과 창, 방패를 공급하는 것이 대장장이의 임무였습니다. 마침내 전쟁의 날이 이르렀을 때, 무력한 이스라엘은 패하고 말았습니다(삼상 13:19-22).

원수의 전략은 오늘날에도 동일하게 남아있습니다. 원수는 기도 모임이 교회의 대장간임을 알고 있습니다. 기도를 통해 성령의 검을 휘두

르고 전쟁이 승리한다는 사실을 알고서, 원수는 언제나 개인적으로나 집단적으로나 교회에서 기도를 파괴하려고 합니다. 보통 이 파괴 절차는 전쟁의 날이 이르기 오래전부터 시작됩니다. 우리 대부분은 가장 능력이 필요한 때에 무방비 상태인 자신을 보고 경악을 금치 못합니다.

〈영적 세력을 결박하기〉

영적 전쟁은 항상 기도와 연합합니다. 오늘날 교회의 중대한 필요 중 하나는 효과적인 '전쟁 용사들' 입니다. 이들은 하나님 왕국의 전진에 맞서 정렬한 영적 세력들에게 달려들 태세가 되어있는 자들입니다. 예수님께서는 우리가 먼저 강한 자를 결박하지 않는다면 그의 세간들을 강탈할 수 없다고 말씀하셨습니다(마 12:29 참조). 한 개인이든 그룹이든 혹은 도시나 나라 전체이든지 간에 하나님의 정당한 이유에 반항하는 일을 맡고 있는 영적 지도자들을 우리는 "강한 자"에 빗대어 말합니다. 이 주제는 말씀을 통해 추적해 들어가다 보면 더 분명하게 보입니다.

예수님께서 거라사의 귀신 들린 사람 안에 있는 영에게 이름을 물으셨을 때 돌아온 대답은 이랬습니다. "내 이름은[단수] 군대입니다. 우리가[복수] 많음이니이다"(막 5:9b). 여기서 자신의 지위 아래에 수많은 다른 영을 거느리고 있는 "강한 자"의 말이 나옵니다. 먼저 강한 자를 결박하라는 원리를 이해하시면서, 예수님은 "군대"에게 나가라고 명령하셨고(8절), 곧바로 그들은 모두 떠났습니다(13절).

이와 비슷하게 바울이 총독 서기오 바울에게 말씀을 전해주기를 요청받았을 때에, 그는 마술사 엘루마의 저항에 부딪혔습니다. 엘루마가 인간의 힘을 초월하는 무언가에 관여하고 있음을 알아차리고서 바울은 그를 보면서 그 상황에 대한 권위를 빼앗습니다. 그러면서 그를 "마귀의 자식"이요 "모든 의의 원수"라고 일컫습니다. 총독은 그 벌어진 일을 보자 곧바로 믿게 됩니다(행 13:6-12).

원수가 한 개인을 통제할 수 있는 방법을 살펴보았는데 이제는 도시와 나라에서 벌어질 수 있는 일을 알아봅시다.

에베소에 있는 동안 바울은 가장 강력한 저항을 맞닥트리게 되었습니다. 바울은 고린도서를 쓰면서 에베소의 열린 문을 이야기하는데 많은 대적자가 있었다고도 덧붙입니다.

바울이 에베소에서 사역하는 동안에 도시 전체가 그에 반대하여 일어났습니다. 폭동은 몇 시간 동안 계속되다가 그 도시의 서기장이 일어나 에베소는 다이애나의 견고한 진임을 상기시키자 군중이 잠잠해졌습니다. 다이애나는 에베소인들이 하늘에서부터 내려왔다고 믿는 여신이며 그 여신의 본부를 그들 가운데 세웠습니다. 그 결과 그녀를 위해 세운 신전에서 경배하기 위해 전 세계에서 사람들이 몰려들었습니다.

그곳에 교회가 세워진 이후로, 바울이 에베소 교인들에게 쓴 편지에서 그들이 단지 혈과 육에 대항해서 싸우는 것이 아니라 정사들과 능력들에 대항해서 싸우는 것임을 강조한 것은 그리 이상할 것이 없습니다(엡 6:12; 행 19장 참조).

'정사' principality는 '왕자' prince의 통치를 받는 지역입니다. 예를 들어 대영제국의 일부를 구성하는 웨일즈는 웨일즈의 정사라고 부릅니다.

웨일즈를 다스리는 왕자는 찰스 왕자입니다. 우리가 특정한 지역에 대해 자연적인 권세를 가지는 것과 마찬가지로, 사탄은 특정 지역에 대해 영적 권세들을 차지하고 있습니다. 사탄의 왕국은 잘 조직되어있습니다. 에베소 시가 '다이애나'의 영향력을 통해 역사했던 사탄의 왕자의 권세 아래에 있었음을 성경을 통해 볼 수 있습니다. 또한 성경에서 도시들과 마찬가지로 온 나라가 마귀의 왕자들의 통치를 받을 수 있음을 볼 수 있습니다.

대립하고 있는 두 왕국

사무엘상 17장에서 이스라엘이라는 나라가 "강한 자"의 전형이랄 수 있는 블레셋의 영웅 골리앗과 대면합니다. 이 이야기에서 두 나라는 성경에서 흔히 권세나 능력, 혹은 영향력을 상징하는 산 위에 서있습니다. 이를 하나님의 왕국(이스라엘)과 사탄의 왕국(블레셋)의 전투로 볼 수 있습니다.

두 왕국이 서로를 파멸시키려고 결심하였음을 알 수 있습니다. 예수님은 마귀의 일을 멸하시려고 오셨는데, 마귀의 왕국은 누군가가 거듭날 때마다 세력이 격감합니다. 이와 마찬가지로 사탄은 하나님의 말씀의 씨앗이 뿌려졌을 때 그것을 빼앗아감으로써, 그리고 이러한 삶에 주의를 기울이는 데 있어서 사람들의 눈을 멀게 만들어서, 또는 하나님의 왕국의 열매를 맺지 못하게 해서 이 왕국의 유효성을 손상시키려고 힘씁니다.

다시 본문으로 돌아와서, 골리앗이 한 사람의 대적자를 보내라며 이스라엘에게 도전장을 내미는 장면이 나옵니다(삼상 17:8-10 참조). 골리앗은 '챔피언'이라고 불렸는데, 이는 문자적으로 '중간에 끼어든 사람'이라는 뜻으로, 대의를 위해 기꺼이 싸우려는, 그리고 필요하다면 자신의 생명까지 내놓는 사람입니다. 골리앗은 개인이나 나라를 대신하여 중보하는 크리스천 중보자들에 대한 사탄의 맞수입니다.

'골리앗'이라는 이름은 '점쟁이'라는 의미입니다. 사실 블레셋을 한 개인으로서 지칭할 때는 점쟁이인 것으로 일컫습니다(사 2:6 참조). 이들은 하나님의 목적들을 불법적으로 찾아내어 좌절시키려고 하거나 하나님의 말씀의 권세를 악한 영의 능력으로 바꾸려고 시도하면서 사탄의 다스림에 참여하고 있습니다.

골리앗은 이스라엘에게 도전장을 내밀면서, 그[단수]를 무찌를 수 있는 사람은 누구라도 모든 블레셋인[복수]을 종으로 삼게 될 것이라고 말했습니다. 여기에 강한 자의 법칙이 있습니다. "나를 결박하라. 그러면 우리가 너의 종이 될 것이다."

이스라엘 백성은 그 도전을 듣고서 두려워했습니다. 사울도 두려워했습니다. 골리앗의 도전은 40일 동안 계속되었고 이스라엘에서는 아무런 반응도 하지 못하던 중 젊은 다윗이 진영에 도착했습니다. 때마침 골리앗이 등장해서 도전장을 또 내밀었습니다. 다윗이 이 상황을 보는 순간 골리앗을 파멸하고 강한 자를 결박할 열쇠를 찾았다고 저는 생각합니다. 다윗은 골리앗을 단지 할례받지 않은 블레셋으로 보았습니다. 이에 반해서 이스라엘은 "살아계신 하나님의 군대"로 보았습니다.

우리가 자신을 실제로 전능하신 하나님의 군대의 일부로 연결시켜보는 것이 중요합니다. 이는 '우리의' 잠재력이 아니라 우리가 '그리스도 안에서' 누구인지를 보는 것입니다. 너무 많은 그리스도인이 자신을 약하고 의지할 데 없고 발버둥만 치는 하나님의 자녀로 생각합니다. 그러나 성경은 우리에게 "주 안에서와 그분의 힘의 능력 안에서 강하게" 되라고 타이릅니다(엡 6:10 참조). 우리가 무엇인지가 중요한 게 아니라 우리에게 힘을 주시는 그리스도를 통하여 우리가 무엇이 될 수 있는지, 여기에 초점을 맞추어야 합니다. 자신의 약함에 초점을 맞추어서는 안 됩니다.

사울은 골리앗과 싸우고자 하는 다윗의 열망을 듣고서 그를 데려오게 하지만 다윗의 체격을 보고 다윗이 소년이라 많은 경험을 한 골리앗에 맞서 성공할 수 없을 것이라고 말합니다. 다윗은 물러서기를 거절하며 하나님께서 그를 통해 어떻게 구원해주셨는지 이야기하며 지난날 사자와 곰을 이겼던 일을 설명했습니다.

사울은 아마도 이것이 다윗을 도울 수 있는 마지막 기회일지도 모르겠다고 여기며, 다윗에게 그의 갑옷을 입으라고 제안했습니다. 다윗은 그 승리가 사람의 힘으로 얻어질 것이 아님을 확신하고서 그 제안을 거절합니다.

얼마나 자주 우리는 '사울의 갑옷'으로 구비하여 전장에 나서려고 애씁니까? 성경은 우리의 전쟁 무기는 '육체'가 아니라 견고한 진을 무너뜨리는 하나님의 능력이라고 지적합니다(고후 10:4 참조).

정확한 목표물을 공격하기

다윗은 싸울 준비를 하면서 시내에서 돌 다섯 개를 집어 골리앗에게로 전진했습니다. 골리앗은 방패지기에 의해 보호받고 있었지만 다윗은 결코 그 방패지기를 죽이려고 하지 않았다는 사실을 주목하십시오. 그의 목표물은 골리앗이었습니다.

기도할 때 우리는 매우 자주 방패지기들과 싸우는 데 너무 많은 시간을 들이는 반면 정작 골리앗과 싸우는 데는 시간을 너무 적게 들입니다. 확실히 이는 사탄의 주요 전략 가운데 하나입니다. 우리를 진짜 사안에서 떨어트려 놓으려는 유인책입니다. 바울은 우리의 전쟁이 혈과 육을 상대하는 것이 아니라 통치자들과 권세들을 상대하는 것이라고 상기시켜줍니다.

다윗은 "강한 자"를 죽이려는 결심에 결코 주저하지 않았습니다. 다윗은 이 강한 자에게 접근해가면서 그의 힘의 원천을 밝혔습니다. "…나는 만군의 여호와의 이름 곧 네가 모욕하는 이스라엘 군대의 하나님의 이름으로 네게 나아가노라"(삼상 17:45). 다윗은 '주 안에서와 그분의 힘의 능력으로 강하여짐'이 무엇을 의미하는지 이해했습니다. 다윗은 자신의 능력에 의존하지 않으면서 돌팔매질로 골리앗을 무너뜨렸습니다. 그런 다음 골리앗의 검을 빼앗아 그의 머리를 베었습니다. 블레셋 군대가 두려워하며 달아날 때에 이스라엘은 쫓아가 전리품을 취했습니다.

하나님은 오늘날 그분의 왕국에 대항하는 영적 세력에 맞서 효과적으로 전쟁을 치를 성도들을 찾고 계십니다. 영적 세계에 대해 성령님께서 우리 눈을 열어주시도록 허락해드릴 때에 진짜 대적자들이 누구인지 볼 수 있습니다. 많은 기관이 낙태와 인본주의, 음란물과 여러 정치적 운동에 수백만 달러를 쏟아 붓고 있습니다. 하나님께서는 이것들을 당치 않고 유감스럽게 여기십니다. 진짜 열쇠는 혈과 육을 상대로 몸싸움하는 것이 아니라 이 가시적인 문제들 뒤에 있는 영적 세력들을 결박하고 대파하는 것임을 기억합시다.

출애굽기 17장에서, 하나님은 이번에는 이스라엘과 아말렉 간의 또 다른 전쟁을 사용하여 영계에서 보이지 않는 세력들의 중요성을 강조하셨습니다. 이스라엘이 아말렉 족속에게 공격을 당했을 때 여호수아는 모세에게서 그들과 맞서 싸울 몇 사람을 택하라는 명령을 들었습니다. 그동안 모세는 기도하러 산으로 올라갔습니다. 모세의 손이 하나님의 보좌를 향해 올라가 있는 시간에는 이스라엘이 승리하였습니다. 하지만 모세가 피곤하여 손을 내리기라도 하면 아말렉이 우세하였습니다. 아론과 훌이 모세를 도와 그의 손을 들어 올려주었을 때에 여호수아가 아말렉을 쳐부수었습니다.

골짜기에서 싸울 준비가 된 그룹들을 보유하고 있는 것이 중요합니다. 그러나 훨씬 더 중요한 것은 그 현장 뒤에서 그리스도와 함께 하늘의 장소들에 앉아있을 자들입니다. 그 차이가 승리와 패배를 결정합니다.

우주에서 가장 중요한 임무

기도 용사는 우주에서 가장 중요한 임무를 맡고 있습니다. 그는 필요한 곳이면 어디에서든지 하나님의 군대를 집결시킬 수 있습니다. 그는 사탄의 전략가들의 비밀 회합에 침투하여 그들의 계획을 좌절시키고 모든 불경한 정부에 대해 십자가에서의 사형선고를 주장할 수가 있습니다.

여러분이 아직 철의 장막과 사탄의 음모를 뚫고 들어가기를 시작하지 않았다면 이제 시작하십시오. 여러분이 기도로 나라들과 대륙들을 품어본 적이 한 번도 없다면 이제 그렇게 하십시오. 지금까지 원수 진영의 중심부로 쳐들어가본 적이 없다면 이제 침투하십시오. 그리고 이렇게 기도하십시오. "주님, 저는 하나님과 사람 사이에 서서 중보하며 영적인 제물들을 바치는 신실한 제사장이 되기를 원합니다. 당신의 우주 안에서 당신의 동역자가 되기를 원합니다. 제가 영원을 붙잡고 하나님 왕국의 위업을 받들 수 있도록 도와주세요."

송축과 선포

중보는 신약의 제사장들인 우리의 주요 기능 중 하나입니다. 그런데 우리가 또 반드시 알고 받아들여야 할 다른 두 가지 중요한 제사장적 사역이 있습니다. 바로 송축과 선포입니다.

송축 사역

전 세계에 걸쳐 교회들은 하나님께 드리는 새로운 찬양과 경배의 풀어짐 속으로 흘러들어가고 있습니다. 옛 형식이 송축의 새로운 표현들에 자리를 내주고 있습니다. 기쁨이 일단 주님의 집으로 돌아왔습니다. 하나님을 경배하는 여러 다양한 방법을 새로 가르쳐주는 서적과 세미나가 넘쳐납니다. 성경은 우리가 살아있는 돌로서 영적인 집으로 함께 세워져가고 있으며, 거룩한 제사장으로서 예수 그리스도를 통해 하나님께서 받으실 만한 영적인 제사를 드려야 한다고 단언하고 있습니다(벧전 2:5 참조). 마찬가지로 하나님께 찬양의 제사를 지속적으로 드리라고 하는데, 이는 그분의 이름에 감사를 드리는 우리 입술의 열매라고 합니다(히 13:15 참조).

어떤 이들은 우리가 어떻게 느끼는지에 상관없이 마땅히 받으셔야 할 찬양의 제사를 하나님께 드리라고 가르칩니다. 그들은 '제사'를 우리가 무언가에 '대가를 지불하는 것'이라는 개념으로 사용합니다. 이 말이 옳을 수도 있겠지만, 저는 제사가 우리가 드려야 하는 가장 최상의 것을 말하는 것이라고 성경이 분명히 가르치고 있다고 생각합니다. 왜냐하면 희생 제물을 꼼꼼히 살피는 것이 제사장들의 의무였고, 오직 하나님의 요구 사항들을 충족시키는 것들만 받아들여졌기 때문입니다.

사역인가, 아니면 '마술'인가?

오늘날의 교회는 어떤 주기를 가지고 구경거리와 춤, 드라마에 사로잡히게 되었습니다. 저는 찬양과 경배에서 요즘 강조하는 것들이 얼마나 하나님께 받아들여질 만한 것들인지 궁금합니다. 상당수가 사모함과 사랑으로 가득한 마음에서부터 넘쳐흐르는 것이라기보다 단지 표면적인 것이어서 저는 두렵습니다.

존 헨리 조웻John Henry Jowett은 「A Daily Meditation」(매일 묵상)에서 '단지 마술에 불과한 종교'에 대해 경고하고 있습니다. 다음은 그의 글입니다.

> 그리고 주의 언약궤가 진영으로 돌아오자, 온 이스라엘이 큰 소리로 외쳤다(삼상 4:1-11). 그들은 주님보다 그 궤에 더 환호하였다. 그들의 종교는 미신으로 변질하였다. 경배의 수단으로 경배의 대상을 가리게끔 허용할 때마다 나는 미신적으로 된다. 그러면 나는 마술 도구를 가지게 되고 거룩한 주님은 잊어버린다…그러므로 내 눈이 언제나 주를 향하게 하라! 나로 궤에 만족하지 말고, 그 이름이 거룩하시고 그 성품이 사랑이신 그분을 찾도록 하라.[9]

조웻이 경고하듯이 무척이나 자주 경배의 '수단'이 경배의 '대상'이 됩니다. 우리는 하나님께 그분의 생각에 민감하게 해달라고 구해야 합니다. 저는 우리의 냉담함이나 교만, 불성실함이나 영적인 의식주의 때문에 경배가 받아들여질 수 없음을 깨달으면서, '문을 닫는 것'이 우리가 취해야 할 가장 적절한 행동이라고 느낄 때가 있습니다. 이런 경우에는 그 시간에 자신을 낮추어 하나님께 '우리 안에 바른 영을 새롭게 해주시기를' 구하는 편이 더 나을 것입니다.

생활양식을 우리 입술과 견주어보는 것이 중요합니다. 그 두 가지가

---

9) John Henry Jowett, "Religion as Mere Magic", April 14, in A Daily Meditation (La Verne, CA: El Camino Press, n.d.), p.108.

서로 일치할 때에 우리 찬양은 받아들여집니다. 확실히 우리 입술의 열매는 말뿐인 것보다 훨씬 더 많이 주목을 받습니다. 열매는 내적인 삶의 외적인 표현입니다. 예수님은 입술로는 주님을 존경하지만 마음으로는 주님으로부터 떨어져 있는 바리새인들에 대해 말씀하셨습니다.

오직 마음의 풍성함에서 나오는 찬양만이 하나님께 받아들여질 수 있습니다. 눈이 휘둥그레지는 안무와 완벽한 화음, 음악적 기술들만을 강조하는 것은 본질에서 벗어난 것입니다. 깨끗한 손과 청결한 마음이 하나님이 받으실 예배의 요소입니다. 시편 기자는 이렇게 말합니다. "그 거룩한 아름다움으로 여호와께 경배하라"(시 29:2b, 우리말성경). 오직 주께서 "공의와 찬송이 모든 나라 앞에서 솟아난다"고 말씀하실 때에 (사 61:11 참조), 그분은 우리의 '송축'에 만족하실 것입니다.

선포 사역

제사장들로서 우리는 또한 '선포'로 부름 받았습니다. 복음을 선포하는 것은 우리의 특권입니다. 하나님은 그분의 덕을 선포하게 하시려고 그분의 소유된 우리를 택하셨습니다(벧전 2:9 참조). 선포가 오직 전문 사역자들만의 전유물이 아니라 그리스도의 몸의 모든 지체를 위해 예비된 것임을 이해할 필요가 있습니다. 우리는 다른 역할들에 손해를 끼치면서까지 '송축'에만 너무 오래 비중을 두었습니다. 그러나 우리가 '중보'와 '선포'에 더 많이 가담하게 될수록, 우리의 '송축'도 더욱 커질 것입니다.

베드로와 요한이 성전에서 거지에게 그리스도의 주 되심을 선포하고 그가 치유를 받았을 때, 그 거지는 "걷고 뛰며 하나님을 찬양하면서", 즉 송축하며 성전 안으로 들어갔습니다. 사람들은 이 남자가 치유받은 기적적인 방법을 보았고 그들도 역시 "그 된 일에 대해 하나님께 모든 영광을 드렸습니다"(행 3장 참조).

계시록 5장에서 모든 족속과 방언과 나라에서부터 구속받은 사람들이 보좌 주위로 모인 것을 볼 수 있습니다. 거기에서 그들은 많은 천사와 함께 어린양Lamb을 경배하고 있습니다. 이들은 어떻게 이 놀라운 송축의 시간에 이르렀을까요? 하나님의 종들이 제사장의 섬김을 수행하며 복음을 선포하는 것을 듣고서 응답한 것입니다. 선포가 없이는 송축도 없습니다.

복음 전파를 위한 우리의 책임을 피하지 맙시다. 복음을 부끄러워할 아무런 이유가 없습니다. 복음은 구원을 이루는 하나님의 능력이기 때문입니다. 하나님께서 그분을 증언할 수 있게 더 많은 담대함을 주시기를 바랍니다. "이 천국 복음이 모든 민족에게 증언되기 위하여 온 세상에 전파되리니 그제야 끝이 오리라"(마 24:14 참조)는 도전을 여러분이 늘 붙잡고 있기를 바랍니다.

우리의 제사장적 사역을 받아들이기

전체가 아닌 어느 한 부분에서 시작하면 잘못된 길로 가기 쉽습니다. '송축'이 빠진 '중보'에 집중하는 것은 잘못입니다. 그러나 '선포'가

빠진 '송축'에 매달리는 것 또한 충분하지 않습니다.

   예수님은 말씀하셨습니다. "…주 너의 하나님께 경배하고 다만 그를 섬기라"(눅 4:8). 섬김이 결여된 경배는 불안정하다는 것을 주목하십시오. 마찬가지로 경배가 없는 섬김도 동일하게 불균형합니다. 제사장적인 기능은 삼중적입니다. 중보와 송축, 그리고 선포 이들 각각은 전체를 위해 꼭 필요한 부분입니다. 제사장적 사역을 완수하려고 한다면 우리는 이 세 가지 기능 안으로 모두 들어가야만 합니다.

성장할 시간! 14장

플로렌스 리타우어Florence Littauer는 그녀의 책 『Blow Away the Black Clouds』(먹구름을 날려 보내라)에서 뇌가 손상된 두 아들을 출산했던 가슴 아픈 이야기를 나누고 있습니다.

플로렌스와 남편 프레드Fred가 남편의 이름을 물려받은 프레드릭 제로미 리타우어 3세Fredrick Jerome Littauer III를 낳았을 때 이미 그들에게는 어린 두 딸이 있었습니다. 생활은 완벽했습니다. 그녀는 행복했습니다. 그런데 악몽이 시작되었습니다.

어린 프레드릭 3세는 생후 8개월이 되었을 때, 밤중에 발작적으로 비명을 지르기 시작했고 더 이상 일어나 앉지도 못했다. 눈이 흐릿해졌고

웃음도 그쳤다. 이러한 징후가 더해갔을 때, 나는 소아과 의사에게 아이를 데려갔는데, 그는 아이를 검진하고 전문가를 불렀다. 나는 그의 말을 결코 잊지 못할 것이다. "이 아이는 가망이 없는 뇌손상입니다. 당신은 이 아이를 포기하고 잊어버리고 다른 아이를 낳는 편이 나을 것입니다."10)

플로렌스의 사전에 '가망이 없다' hopeless라는 단어는 없었습니다. 좌절을 거부하며 부부는 아기를 데리고 예일-뉴헤이번 병원에 가서 검사를 받았습니다. 그곳에서도 그들은 동일한 진단을 받았습니다. "그는 가망이 없다." 그때 일은 플로렌스의 기억 속에서 여전히 생생합니다.

나는 그 의사의 말을 떠올렸다. "당신은 이 아이를 포기하고 잊어버리고 다른 아이를 낳는 편이 나을 것입니다." 나는 그 아이를 포기하거나 잊어버릴 수 없었다. 그러나 다른 아이를 낳을 수는 있었다. 이것이 나의 유일한 소망 같았다. 네 번째 아이를 기다리는 9개월 동안, 나는 나의 삶을 재평가하기 시작했다. 나는 스스로에게 믿음을 두고 있었음을 깨달았다. 나 자신의 능력으로 성취하는 것을 원했다.

그러나 죽어가는 내 아이를 안고 있을 때에 이러한 성취들은 하나도 중요하지가 않았다. 하루에 열 번에서 열두 번 발작을 할 때 프레디를 꼭 붙잡고 있으면서, 밤중에 고통으로 비명을 지르는 아이와 함께 울면서,

---

10) Florence Littauer, *Blow Away the Black Clouds* (Eugene, Oregon: Harvest House Publishers, 1979, 1986), pp.8-10.

나의 유일한 소망은 네 번째 아이가 정상이기를 그리고 내가 이 악몽을 떨쳐버리는 것이었다.

둘째 아들 로렌스 채프먼 리타우어Laurence Chapman Littauer를 낳느라 병원에 있는 동안, 남편은 프레디를 사립 어린이 병원에 맡겼고 거기서 프레디는 두 살 때 폐렴으로 죽었다.

둘째 아들이 태어나면서 나는 헌신적이고 거의 광적인 어머니가 되었다. 나는 나 외에 누구도 둘째 아들 래리를 만지지 못하게 했다. 종일 그를 돌보았고 밤에 아이가 울면 벌떡 일어났다. 내가 맡았던 모든 자리와 지위를 포기했다. 나의 소망은 래리에게 있었다. 그런데 프레디가 죽고 일주일 후, 낮잠 자는 래리를 깨우러 갔는데, 아무런 반응도 하지 않았다. 나는 재빨리 그를 잡고 흔들며 소리쳤다. "웃어봐, 래리, 웃으라고!" 그러나 래리는 웃지 않았다. 나는 최악의 상태가 두려웠고 즉시로 그를 데리고 프레디를 치료했던 의사에게로 갔다. 그는 아이를 한 번 보더니 말했다. "뭐라고 말해야 할지 모르겠군요. 플로렌스, 유감스럽지만 이 아이도 동일한 병입니다."

우리는 예일-뉴헤이번 병원에서 동일한 검사를 받았고 그 다음 볼티모어에 있는 존스 홉킨스 신진대사 연구소로 래리를 데려갔다. 로버트 쿡Robert Cook 박사가 래리에게 수술을 시행했는데, 뇌가 있어야 하는 자리에 단지 비활성 덩어리인 원구가 있음을 발견했다. 우리는 몇 달 전에 그의 형이 죽은 그 병원에 래리를 맡겼다. 나의 생명이 멈췄던 그곳…

의사들은 래리가 오래 살지 못할 거라고 말했지만, 래리는 열아홉 살까지 살다가 한 살 때의 체격 그대로 죽었다. 그는 조금도 자라지 않았고

보지도 듣지도 못했다. 그는 평생 동안 단지 살아있는 식물에 지나지 않았다.[11]

저는 여러분께 플로렌스와 프레드 리타우어가 마침내 그리스도를 구주로 발견했고 그들의 엄청난 비탄을 극복했음을 말하고 싶습니다. 이제 그들의 책과 세미나는 다른 수많은 이가 치유를 알도록 돕고 있습니다.

하지만 그들의 비극을 생각해봅시다. 뇌가 손상된 한 아이는 두 살 때 죽었고, 눈멀고 귀먹은, 19년 동안 식물인간이었던 다른 아이는 한 살 때의 체격으로 죽었습니다.

하나님께서 보시듯 자신을 보기

하늘 아버지께서 바라보시듯 우리가 교회들의 설교단과 회중석을 스캔하여 성도들의 어른 크기의 몸을 뚫고서 여러 미성숙한 상태에 고착되어있는 영들을 볼 수 있다면 그 발육이 멎고 키가 덜 자란 모습을 견딜 수 있을지 의문입니다. 이기적이고 오그라든 마음을 슬쩍 엿보기만 한다 해도, 그 처참함을 과연 참아낼 수 있겠습니까.

강단의 걸음마쟁이들, 젖꼭지를 빨고 있는 구레나룻을 기른 집사들, 아기 담요를 움켜쥐고서 고집을 피우며 산고를 겪는 성가대원들, 영적인 ABC를 배우느라고 진땀 빼는 백발의 할아버지들, 깔깔거리며 웃는

---

11) Littauer, *Blow Away*, p.8.

여드름투성이인 할머니들, 응석둥이 교구민에게 숟가락으로 떠먹여주느라 피곤한 지도자들, 지갑과 메르세데스 자가용 열쇠를 움켜잡고서 좀 나눠달라는 요청에 삐죽거리며 상을 찌푸리고 있는 사업가들…

유아식과 기저귀, 배변 훈련. 이 정도만으로도 천사들을 울리기에 충분합니다.

성령의 학교에 들어가기

몇 년 동안 공부한 끝에 박사학위를 받고 대학원을 갓 졸업한 제 친구가 주일 오전 예배 때 조용히 앉아 경배하는 중에 주님께 특별한 말씀을 받았습니다.

그녀는 눈을 감고 있었는데 갑자기 한 여덟아홉 살쯤 되는 여자 아이의 그림을 보았습니다. 그 아이는 땋은 머리를 하고 흰색 칼라에 격자무늬 드레스를 입고, 한 팔에 교과서를 끼고서 통학버스를 기다리고 있었습니다. 곧바로 그녀는 그 아이가 옛날 가족 사진첩에서 보았던 자신의 모습임을 알아차렸습니다.

그때 주께서 이렇게 말씀하셨습니다. "너는 사람들의 발 앞에 앉아있구나. 이제 나는 너를 나의 성령의 학교에 등록시키려고 하는데 그러면 너는 주님을 배우게 될 거야."

저는 하나님의 이 말씀이 우리 중 많은 이에게도 해당한다고 믿습니다. 하나님은 우리에게 유치한 놀잇감들을 치우고 그분의 발 앞에 와서 앉으라고 부르고 계십니다. 영적인 성숙은 교육이나 사역, 또는 지위를 좇아 애쓴다고 얻어지는 것이 아닙니다. 하나님 따르기를 갈망하며 그분의 임재 안에 거하기를 배움으로써 이루어지는 것입니다.

하나님과의 친밀함에 배고파하기가 이 책의 유일하면서도 가장 중요한 교훈이라면, 아마도 두 번째로 가장 중요한 교훈은 개인의 성품이 결정적으로 중대하다는 것입니다. 거룩한 삶은 선택 사항이 아닙니다. 지도자들과 평신도들이 "내가 거룩하니 너희도 거룩하라"는 하나님의 명령을 진지하게 받아들이지 않기 때문에 하나님께서 오늘날 교회를 어떻게 흔들고 계신지 살펴보았습니다. 성숙한 성도들은 하나님을 경외하는 성도들입니다.

영성과 도덕성, 그리고 이타적인 섬김은 서로 손을 맞잡고 나아갑니다. 그리스도 안에서의 성장은 자기-통제에서의 성장을 의미합니다. 육욕과 탐욕, 능력을 추구하는 것과 같은 죄들에 탐닉하고자 하는 육체의 욕망을 억제한다는 뜻입니다. 다른 이들의 필요를 위해 울며 중보할 만큼 그들을 사랑한다는 의미입니다. 영적인 멘토가 되어 우리 중 더 어린 자들을 보호하고 안내해주는 것입니다. 또한 순전한 마음에서부터 송축이 흘러넘치는 것입니다. 그리고 굶주린 자들에게 손을 내밀어 그들에게 우리가 양식을 발견한 곳을 알려주는 것입니다.

하나님의 왕국과 이 세상의 왕국 간에 진짜 전쟁이 창궐하고 있습니다. 우리 주변 어디에나 멍들고, 피 흘리고, 부러진 사람들이 넘쳐납니다. 그런데 전쟁은 아이들 장난이 아닙니다. 사역은 어린이들의 놀이가 아닙니다.

지금은 하나님께서 우리가 보물처럼 여기던 과거의 놀잇감에서부터 우리 손가락을 떼어내시어, 토실토실한 우리 손가락을 그분의 강한 손안에 두시도록 허락해드려야 할 때입니다. 지금은 성령의 학교에 등록하여 그분의 뜻과 그분의 거룩하고 지혜로운 방법을 배울 때입니다. 지금은 우리 세대에 하나님의 목적을 섬길 때입니다. 성장할 때입니다!